essentials

Essentials liefern aktuelles Wissen in konzentrierter Form. Die Essenz dessen, worauf es als "State-of-the-Art" in der gegenwärtigen Fachdiskussion oder in der Praxis ankommt. *Essentials* informieren schnell, unkompliziert und verständlich

- als Einführung in ein aktuelles Thema aus Ihrem Fachgebiet
- als Einstieg in ein für Sie noch unbekanntes Themenfeld
- als Einblick, um zum Thema mitreden zu können

Die Bücher in elektronischer und gedruckter Form bringen das Fachwissen von Springerautor*innen kompakt zur Darstellung. Sie sind besonders für die Nutzung als eBook auf Tablet-PCs, eBook-Readern und Smartphones geeignet. *Essentials* sind Wissensbausteine aus den Wirtschafts-, Sozial- und Geisteswissenschaften, aus Technik und Naturwissenschaften sowie aus Medizin, Psychologie und Gesundheitsberufen. Von renommierten Autor*innen aller Springer-Verlagsmarken.

Martin Franz • Sascha Matussek

Wandeldarlehen als alternative Finanzierungform

Interessenlage, Verhandlungstaktik, Klauseln und Steuern bei Convertible Loans

Springer Gabler

Martin Franz
Kanzlei trustberg.
München, Deutschland

Sascha Matussek
Matussek partners GmbH
Stuttgart, Deutschland

ISSN 2197-6708 ISSN 2197-6716 (electronic)
essentials
ISBN 978-3-658-53183-6 ISBN 978-3-658-53184-3 (eBook)
https://doi.org/10.1007/978-3-658-53184-3

Die Deutsche Nationalbibliothek verzeichnet diese Publikation in der Deutschen Nationalbibliografie; detaillierte bibliografische Daten sind im Internet über https://portal.dnb.de abrufbar.

Springer Gabler ist ein Imprint der eingetragenen Gesellschaft Springer Fachmedien Wiesbaden GmbH und ist ein Teil von Springer Nature.
Die Anschrift der Gesellschaft ist: Abraham-Lincoln-Str. 46, 65189 Wiesbaden, Germany

Was Sie in diesem *essential* finden können

- Das Buch berücksichtigt wirtschaftliche, rechtliche und steuerliche Aspekte
- Es gibt Handlungsanweisungen für Vertragsverhandlungen unter Berücksichtigung der jeweiligen Interessenlage.
- Es werden konkrete Vertragsklauseln mit ihren jeweiligen Zielen und Konsequenzen vorgestellt.
- Darüber hinaus werden Tipps für die steuerliche Gestaltung gegeben und Steuerfallen schon im Ansatz vermieden.

Vorwort

Als ich im Mai 2025 mit meinem Buch „Buy & Build-Transaktionen – Der Aufbau von Unternehmensgruppen in der Praxis“ (Springer 2025) fertig war, wurde ich mit einer ganzen Serie von Wandeldarlehen mandatiert. Zu der Zeit entstand die Idee, nach den Buy & Build-Transaktionen, die reife, EBITDA-starke Unternehmen betreffen, ans andere Ende der „Unternehmenslaufbahn“ zu gehen und mit dem Wandeldarlehen die typische Finanzierungsform von sehr jungen Unternehmen (Frühphasen-Startups) zu behandeln, bei der noch überhaupt keine belastbaren Zahlen vorliegen. Eine Situation, die ich als Gründer eines Legal-Tech-Startups noch sehr gut kenne.

Weiteren Auftrieb erhielt die Idee, als ich anfing, als Business Angel selbst mit Wandeldarlehen in Startups zu investieren. Es ist erstaunlich, wie sich die Perspektive dann noch einmal ändert: weg von der Ausformulierung einzelner Klauseln (natürlich auch wichtig), hin zum „bigger picture“: Wie ist generell die Situation des Unternehmens und der Gründer? Wie werden in dieser Situation die Chancen und Risiken zwischen Gründern, bisherigen Investoren, Investoren der jetzigen Runde und zukünftigen Investoren fair aufgeteilt? Das Problem dabei ist, dass man ohne solide Zahlengrundlage weit in die Zukunft blicken muss: von der Phase als Darlehensgeber über die Wandlung und die Phase als Gesellschafter bis zum Exit aus dem Unternehmen – was leicht ein Jahrzehnt ausmachen kann.

Auch hier gilt daher, wie hinsichtlich der Buy & Build-Transaktionen, dass ich alle drei Perspektiven auf das Wandeldarlehen kennengelernt habe: die Sicht des Beraters, des Investors und des Gründers.

Um auch die Steuerthemen fundiert abzudecken, habe ich mir diesmal die Hilfe eines Kollegen von der Kanzlei trustberg. geholt: Steuerberater Sascha Matussek.

Wir hoffen, durch dieses Buch vor allem Gründern und Business Angels einen umfassenden Überblick über die wirtschaftlichen, rechtlichen und steuerlichen Aspekte des Wandeldarlehens zu geben.

München
im Juni 2026

Martin Franz
Sascha Matussek

Interessenkonflikt Die Autor*innen haben keine relevanten Interessenskonflikte im Zusammenhang mit dieser Publikation.

Inhaltsverzeichnis

1 Einleitung: Definition und wirtschaftliche Bedeutung 1
1.1 Eigenkapital, Fremdkapital, Mezzanine-Kapital 1
1.2 Was ist ein Wandeldarlehen?. 3
1.3 Typische Interessenlagen beim Wandeldarlehen. 4
1.4 Wandelanleihe als besonderes Wandeldarlehen 7
1.5 Gesetzliche Regelung 7
1.6 GESSI-Standardverträge. 8
1.7 Steuerliche Bewertung 9

2 Übersicht über Regelungen und den zeitlichen Ablauf. 11
2.1 Gesellschafterbeschluss 11
2.2 Darlehensvertrag. 12
2.3 Wandlung 12
2.4 Gesellschaftervereinbarung/Shareholder Agreement 13
2.5 „GESSI-Standard“ 14
2.6 Steuerliche Bewertung 14

3 Gesellschafterbeschluss 17

4 Darlehensvertrag 19

5 Wandlung 27
5.1 Wandlungsberechtigung 27
5.2 Wandlungsbedingungen 28
5.3 Bewertung. 29
5.4 Form der Verträge, Beurkundung 32
5.5 Wandlungsverpflichtung, Wandlungsdurchführung 34
5.6 Steuerliche Bewertung 35

6 Gesellschaftervereinbarung/Shareholder Agreement 37
6.1 Veto-Rechte 38
6.2 Bad Leaver/Good Leaver 38
6.3 Verkaufsverbote 39
6.4 Vorkaufsrecht (Right of First Refusal) 40
6.5 Mitverkaufsrechte/-pflichten (Drag Along/Tag Along) 40
6.6 Liquidation Preference 41
6.7 Steuerliche Bewertung 42

7 Fazit 45

Was Sie aus diesem *essential* mitnehmen können 47

Literatur 49

Einleitung: Definition und wirtschaftliche Bedeutung

1

Den Begriff „Wandeldarlehen" (auch „Wandelschuldverschreibung", Englisch: **„Convertible Loan"** oder **„Convertibles"**) umgibt die Aura des Spezialistentums. Unter „Darlehen" können sich die Allermeisten etwas vorstellen, auch noch unter einer „Unternehmensbeteiligung", aber das Wandeldarlehen, das irgendwie dazwischensteht, ist nur in Grundzügen bekannt. Da hilft es auch wenig, dass als Erklärung meist angegeben wird, es handele sich um eine „Mezzanine-Finanzierung" oder „Hybrid-Kapital", denn so wird ein unklarer Begriff durch einen noch unklareren Begriff definiert. Im Folgenden werden daher zunächst die Grundkategorien der Unternehmensfinanzierung erläutert, bevor darauf aufbauend das Wandeldarlehen definiert wird.

1.1 Eigenkapital, Fremdkapital, Mezzanine-Kapital

Eigenkapital/EK eines Unternehmens ist Kapital, das ein Investor in das Unternehmen einzahlt, um Firmenanteile zu erwerben. Das Kapital „gehört" dem Unternehmen, daher der Name. Der Investor wird damit Unternehmensmitinhaber und ist bei Gesellschafterversammlungen stimmberechtigt; er hat also, je nach Stimmanteilen, eine gewisse Kontrolle über das Unternehmen. Eigenkapital ist grundsätzlich **nicht rückzahlbar;** der Investor kann sein eingesetztes Kapital nur zurückbekommen, indem er seine Unternehmensanteile wieder verkauft. Der Investor hat keinen Anspruch auf Zinsen, stattdessen hat der Investor Anspruch auf Anteile am Unternehmensgewinn, den **Gewinnausschüttungen/Dividenden.** Gibt es keinen Gewinn, hat der Investor auch keine Rendite auf sein Investment; er trägt

M. Franz, S. Matussek, *Wandeldarlehen als alternative Finanzierungform*, essentials, https://doi.org/10.1007/978-3-658-53184-3_1

also das **Gewinnrisiko.** Geht das Unternehmen insolvent, ist auch sein eingesetztes Kapital größtenteils verloren; der Investor trägt damit auch das **Insolvenzrisiko.**

Fremdkapital/FK ist Kapital, das einem Unternehmen **nur zeitweise** zur Verfügung gestellt wird und über einen bestimmten Zeitraum rückzahlbar ist; es wird nur „geliehen". Der Investor hat als außenstehender Dritter grundsätzlich keine Kontrolle über die Unternehmensentscheidungen, außer dies wird ausdrücklich vertraglich vereinbart (sog. **„Covenants"**). Der Investor profitiert bei seinem Investment von einem normalerweise **fixen Zinssatz.** Das Unternehmen muss die Zinsen auch zahlen, wenn es keinen Gewinn erzielt. Der Investor erhält nur dann keine Zinsen, wenn die Gesellschaft insolvent wird; dann ist auch das eingesetzte Kapital meist weitgehend verloren (die typische Insolvenzquote liegt bei ca. 6,1 %).[1] Der Investor trägt hier also nur das Insolvenzrisiko, nicht das Gewinnrisiko.

Sowohl **Risiko** als auch potenzieller **Ertrag** sind beim Eigenkapital größer als beim Fremdkapital. Wie gesagt, trägt der EK-Investor sowohl das Insolvenz- als auch das Gewinnrisiko, der FK-Investor nur das Insolvenzrisiko. Während der FK-Investor anhand des Zinssatzes im Voraus berechnen kann, wie hoch sein Gewinn ist (vorausgesetzt, das Unternehmen geht nicht insolvent), kann der EK-Investor das nur schätzen, weil niemand den zukünftigen Unternehmensgewinn garantieren kann. Der FK-Investor kann auch keine beliebig hohen Zinsen verlangen, weil das sittenwidrig wäre (§ 138 BGB; laut BGH[2] liegt die Grenze in etwa bei 12 % über dem Marktzins), während der EK-Investor gemäß seinem Anteilsverhältnis unbeschränkt an den Unternehmensgewinnen profitiert, so hoch sie auch sein mögen.

Mezzanine-Finanzierungen (auch **„Hybrid-Kapital"** genannt) stehen zwischen Eigen- und Fremdkapital und kombinieren die oben genannten Merkmale auf eine bestimmte Weise:

- Partiarische Darlehen: Hier werden die Zinsen eines Darlehens an den Unternehmensgewinn gekoppelt. Damit trägt der Investor ähnlich wie beim EK Insolvenz- und Gewinnrisiko und hat die erhöhten Gewinnchancen des EK, er wird aber trotzdem nicht Unternehmensinhaber, ist also nicht stimmberechtigt. Das Darlehen kann aber besichert sein.

---

[1] Für Unternehmensinsolvenzen zwischen 2011 bis 2018, vgl. Statistisches Bundesamt, https://www.destatis.de/DE/Themen/Branchen-Unternehmen/Unternehmen/Gewerbemeldungen-Insolvenzen/insolvenzverfahren-bis-2018.html (abgerufen am 15. Juli 2026).

[2] BGH, Urteil vom 13. März 1990, Az. XI ZR 252/89.

- Stille Beteiligung: Das entspricht wirtschaftlich im Wesentlichen dem EK, der Investor hat aber (wie der Darlehensgeber) keine Stimmrechte in der Gesellschafterversammlung, aber trotzdem entsprechende Informationsrechte.[3]
- Wandeldarlehen: Hier ist der Investor erst Darlehensgeber, also FK-Investor. Seine Investition „wandelt" sich aber unter bestimmten Umständen in EK, also in eine Unternehmensbeteiligung. Diese Konstellation ist Thema des Buches.

1.2 Was ist ein Wandeldarlehen?

Wie im vorherigen Abschnitt herausgearbeitet, zeichnet sich das Wandeldarlehen dadurch aus, dass sich die Stellung des Investors unter bestimmten Bedingungen von FK-Investor (= Darlehensgeber) zu EK-Investor (= Unternehmensinhaber) „wandelt" oder zumindest wandeln kann. Der Investor kombiniert also die Merkmale von FK und EK nicht zur selben Zeit, sondern wechselt die Rollen zu einem bestimmten Zeitpunkt. Die Frage, die sich daraus ableitet, ist: Wann bzw. unter welchen Umständen wechselt die Rolle des Investors und zu welchen Bedingungen? Hier gibt es leider nur die Juristenantwort: Es kommt darauf an, was die Parteien vereinbaren. **Die Parteien können fast jede Wandlungsbedingung vereinbaren, die Marktgepflogenheiten sind breit und es herrscht nahezu völlige Vertragsfreiheit.** Daher ist bei Wandeldarlehen die Gefahr groß, aneinander vorbeizureden.

Der Verdacht des Spezialistentums beim Wandeldarlehen ist daher nicht ganz unbegründet: Man muss sich nicht nur wie beim Darlehen oder der Unternehmensbeteiligung auf drei bis vier Kennzahlen einigen, sondern mehrere Ebenen berücksichtigen. Erstens müssen die Bedingungen des Darlehens festgelegt werden, zweitens die Bedingungen der Unternehmensbeteiligung, drittens die Bedingungen der Wandlung und viertens sollte (sinnvollerweise) eine **Gesellschaftervereinbarung (Shareholder Agreement/SHA)** vereinbart werden. Ein SHA ist nicht zwingend notwendig. Da es aber nicht ausgeschlossen ist, dass Investor und Gründer als Mitinhaber eines Unternehmens enden, sollte man besser vorab festlegen, wie Zusammenarbeit und Rollenverteilung in diesem Fall aussehen sollen.

Damit steht eine erste Definition des Wandeldarlehens fest, auch wenn sie naturgemäß eher breit ist:

[3] Weitere Beispiele für Mezzanine-Finanzierungen bei Hahn (2021), S. 49 ff. und S. 197 ff.

► **Definition** Das Wandeldarlehen ist eine Finanzierungsform, bei der der Investor zuerst als Darlehensgeber Fremdkapital in ein Unternehmen einbringt, das sich gemäß den von den Parteien vereinbarten Bedingungen in eine Unternehmensbeteiligung wandeln kann. Zeitpunkt und Bedingungen der Wandlung sowie der nachfolgenden Unternehmensbeteiligung unterliegen den Vereinbarungen der Parteien, insbesondere die Methode der Unternehmensbewertung.

Somit wird auch klar, dass es für Privatleute kein Wandeldarlehen geben kann, weil es keine Unternehmensbeteiligung gibt, in die das Darlehen gewandelt werden kann.

1.3 Typische Interessenlagen beim Wandeldarlehen

Was sind die Situationen, in denen typischerweise ein Wandeldarlehen in Erwägung gezogen wird?

Das Wandeldarlehen ist besonders für die Finanzierung von Unternehmen in der Frühphase **(Start-ups)** interessant, wenn man gerne EK investieren würde, aber noch keine belastbaren Unternehmenskennzahlen **(Key Performance Indicators, KPIs)** für eine Unternehmensbewertung zur Verfügung stehen. Bei der EK-Finanzierung muss festgelegt werden, wie das Unternehmen bewertet wird, denn auch wenn man sich auf eine Investitionssumme geeinigt hat, muss immer noch festgelegt werden, wie viele Unternehmensanteile der Investor für diese Summe bekommt. Die Frühphase-Investoren sind häufig **Business-Angels** (seltener Wagniskapital-Fonds/Venture Capital/VC Funds). Das sind meist selbst erfolgreiche Unternehmer oder Ex-Unternehmer, die ihre Profite reinvestieren und den Gründern gleichzeitig mit ihrem Wissen und ihrem Netzwerk zur Seite stehen. Das Problem bei Start-ups ist aber die Bewertung.

Beispiel

Eine typische Bewertungsmethode geht vom EBITDA aus (Earnings Before Interest Taxes, Depreciation and Amortization; Gewinn vor Zinsen, Steuern, Abschreibungen auf Sachanlagen und Abschreibungen auf immaterielle Vermögenswerte). Häufig wird der Unternehmenswert auf ein Vielfaches (**Multiple**) des jährlichen EBITDA festgelegt, also z. B. 8 × EBITDA. Wenn die Investitionssumme z. B. € 200.000 beträgt und das EBITDA € 100.000, ergibt sich folgende Rechnung:

Unternehmenswert:	8 × € 100.000 = € 800.000
Investment:	€ 200.000/€ 800.000 = 25 %[4]

Das EBITDA beträgt bei Frühphasen-Startups aber häufig € 0 oder ist negativ, weil das Startup noch überhaupt kein Geschäft generiert hat oder Verluste macht. Die Formel funktioniert also nicht mehr. Dann kann statt EBITDA der Umsatz als Kennzahl verwendet werden. Jedoch sagt der Umsatz allein weniger über den Unternehmenswert aus als das EBITDA. Häufig ist auch der Umsatz bei Startups verschwindend gering, was zu einer sehr niedrigen Unternehmensbewertung führt und das wiederum dazu, dass der Investor praktisch alle Anteile am Unternehmen bekommen würde. Das kann ein Gründer nicht akzeptieren, der argumentiert, dass seine Kompetenz groß und seine Geschäftsidee genial ist und vielleicht noch nicht jetzt, aber in Zukunft hohe Gewinne generieren wird. Diese Einschätzung wiederum kann der Investor glauben oder nicht.

Hier kommt das Wandeldarlehen ins Spiel: Da die Unternehmensbewertung von Startups quasi eine Wette auf die Zukunft ist, wird jetzt diese Wette abgeschlossen und die **Unternehmensbewertung in die Zukunft verschoben.** Es wird gesagt: Das Darlehen ist eine Übergangslösung. Nach z. B. vier Jahren weiß man mehr, dann liegen belastbare KPIs vor und unter Zugrundelegung dieser KPIs wird die Unternehmensbewertung und damit die Beteiligungsquote festgesetzt.

Das Wandeldarlehen hat damit folgende Vorteile:

- Investor und Unternehmer müssen mangels Vorliegens von KPIs nicht im luftleeren Raum über die eher unabsehbare Unternehmensentwicklung während der nächsten Jahre spekulieren, sondern sagen z. B. einfach: „Die Zahlen in 4 Jahren entscheiden!" oder „Die Zahlen der nächsten Finanzierungsrunde entscheiden!" Darauf können sich beide Seiten zumindest im Grundsatz meist einigen. Das ist der Kernvorteil des Wandeldarlehens.
- Der Gründer bekommt die Chance, das Darlehen zurückzuzahlen, und alle Unternehmensanteile zu behalten. Sinnvollerweise kalkuliert er Darlehenshöhe, Zinsen und Laufzeit so, dass in seinem Wunschszenario der Unternehmensentwicklung die Rückzahlung möglich ist.
- Der Gründer muss wegen des Darlehens keine Insolvenz fürchten, denn meistens ist das Darlehen so konstruiert, dass es in eine Unternehmensbeteiligung gewandelt werden muss, wenn das Unternehmen es nicht zurückzahlen kann.

[4] Feinheiten wie Pre Money- und Post Money-Bewertung sowie Dilution bleiben aus Vereinfachungsgründen erst einmal ausgeklammert. Siehe unten unter Ziffer 5.3.

- Der Investor muss sich auf keinen spekulativen Unternehmenswert einlassen, sondern bekommt in der Zukunft Anteile zu einem fairen und vor allem fundierten Unternehmenswert. In der Zwischenzeit kann er sich auf einen kalkulierbaren Gewinn aus den Zinsen verlassen.

Auf den ersten Blick sieht es also so aus, als vereinige das Wandeldarlehen die Vorteile von EK und FK. Man könnte diese Behauptungen aber auch umdrehen und sagen, das Wandeldarlehen vereinige die Nachteile beider Beteiligungsformen:

- Der Gründer muss wegen des Darlehens zwar keine Insolvenz fürchten, wenn eine zwingende Wandlung vereinbart ist. Aber wenn sein Unternehmen den Kredit nicht zurückzahlen kann, weil sich Umsatz und Gewinn nicht wie erwartet entwickeln, werden bei der Wandlung auch die KPIs und damit die Unternehmensbewertung schlecht sein. Das wiederum führt zu einer niedrigen Unternehmensbewertung und einer hohen Beteiligungsquote des Investors. Der Gründer verliert sein Unternehmen in diesem Fall vielleicht nicht vollständig, aber größtenteils.
- Der Investor bekommt erst einmal keine Unternehmensanteile. Falls das Unternehmen vor der Wandlung „durch die Decke geht", wird das Darlehen zwar mit Zinsen zurückgezahlt, aber an dem besonderen Erfolg des Unternehmens profitiert er nicht. Wer in ein „Einhorn" (ein Startup mit einer Bewertung von € 1 Mrd.) mit einem Wandeldarlehen investiert, hat Pech gehabt.
- Wird das Darlehen nicht zurückgezahlt, bekommt der Investor Anteile an einem Unternehmen, das zumindest die Wunschvorstellungen des Gründers nicht erfüllt hat. Wie es eine Mandantin einmal prägnant ausdrückte: „Was will ein Investor eigentlich mit Anteilen an einem Unternehmen, das nicht performt?" Eine gute Frage, denn wenn das Unternehmen performt und der Kredit daher zurückgezahlt wird, kommt es gar nicht zur Wandlung. Die Antwort ist erstens, dass der Kredit häufig nur eine Übergangslösung ist, bis belastbare KPIs vorliegen, und eine Rückzahlung weder geplant noch wirklich möglich ist. Der Investor bekommt, was er von Anfang an wollte: eine Unternehmensbeteiligung zu einer fundierten Bewertung. Zweitens bekommt der Investor bei einem Startup einfach nichts Besseres. Es gibt hier keine Vermögensgegenstände (Assets), die als Sicherheit dienen könnten, und zu einer persönlichen Haftung sind die Gründer hier nicht bereit. Hätte der Investor gleich Unternehmensanteile erworben (nur: zu welcher Bewertung?), stünde er auch nicht besser da.

Welche Ansicht ist nun richtig? Beide! Das Wandeldarlehen zeichnet sich dadurch aus, dass es zahlreiche Sichtweisen auf eine Konstruktion zulässt, die im

Kern eine **Wette auf die Zukunft** ist. Wie bei einem Pokerspiel weiß man erst am Ende genau, welche Entscheidung die richtige gewesen wäre. Darüber hinaus gibt es Dutzende von Möglichkeiten, die jeweiligen Vor- und Nachteile durch vertragliche Regelungen zu beeinflussen. **Eine einzige Klausel kann das Gefüge von Risiko und Gewinnchancen völlig ändern.** Diese Möglichkeiten werden im Folgenden im Detail besprochen.

1.4 Wandelanleihe als besonderes Wandeldarlehen

Abzugrenzen ist das Wandeldarlehen noch von der **Wandelanleihe („Convertible Bonds“).** Die Wandelanleihe ist schlicht ein besonderes, nämlich **handelbares** Wandeldarlehen, **zumeist an der Börse.** Solche Wertpapiere müssen von der Geschäftsführung der jeweiligen Börse zum Handel zugelassen werden. Die Zulassung kann nur zusammen mit einer Bank beantragt werden (§ 32 Börsengesetz). Dafür benötigt man ein Prospekt, das wiederum von der Bundesanstalt für Finanzdienstleistungsaufsicht (BaFin) gemäß der EU-Prospekt-Verordnung (ProspektVO) zugelassen werden muss.

Die Wandelanleihe ist daher nicht für Start-ups, sondern für reifere Unternehmen gemacht, da sie einigen Aufwand und Beratungskosten erfordert. Der Grundgedanke ist aber gleich: Die Wandelanleihe eignet sich für wachstumsstarke Unternehmen, die eine Wette auf die Zukunft abschließen. Wegen der Chance auf die Unternehmensbeteiligung liegen die Zinssätze gewöhnlich unter dem Vergleichszins für das jeweilige Unternehmen, wodurch das Unternehmen hofft, Zinsen zu sparen.

Wegen der vielen rechtlich-technischen Herausforderungen im Zusammenhang mit Prospekterstellung und Börsenzulassung ist die Wandelanleihe nur mit spezialisierter Rechtsberatung durchführbar. Hier wird auf die Spezialliteratur zu BörsenG, ProspektVO, WpPG etc. verwiesen.[5]

1.5 Gesetzliche Regelung

Das Wandeldarlehen ist gesetzlich nur für einen Sonderfall und dort auch nur ansatzweise geregelt. § 221 Abs. 1 Aktiengesetz (AktienG) lautet: „Schuldverschreibungen, bei denen den Gläubigern oder der Gesellschaft ein Umtausch- oder

---

[5] z. B. Schwark/Zimmer (2020).

Bezugsrecht auf Aktien eingeräumt wird (Wandelschuldverschreibungen) […], dürfen nur auf Grund eines Beschlusses der Hauptversammlung ausgegeben werden.“ Das ist nur eine Definition des Wandeldarlehens (hier „Wandelschuldverschreibung“ genannt) und eher eine Klarstellung: Wenn die Gesellschaft verpflichtet wird, unter Umständen weitere Anteile auszugeben und damit die bestehenden Gesellschafter „verwässert“ werden, müssen die bisherigen Gesellschafter/Aktionäre zu ihrem Schutz zustimmen. Würden sie das nicht tun und später die Ausgabe von neuen Aktien bei der Wandlung verweigern, würde die Gesellschaft ihre Pflichten aus dem Wandeldarlehen verletzen.[6]

Für die GmbH dagegen muss man sich die gesetzlichen Grundlagen aus den Vorschriften über das Darlehen (§§ 488 ff. des Bürgerlichen Gesetzbuches, BGB) und §§ 53, §§ 55, 55a GmbHG (Wandlung) zusammensetzen. Zusätzlich wird für den Fall der Wandlung gewöhnlich noch eine Gesellschaftervereinbarung (Shareholder Agreement, SHA) abgeschlossen, die ebenfalls nicht oder nur teilweise gesetzlich geregelt ist.

Im Folgenden wird immer auf die GmbH als Unternehmensform Bezug genommen. Die Ausführungen gelten aber auch für die Unternehmergesellschaft (UG) und (mit den entsprechenden Anpassungen der Rollen und Formerfordernisse) im Wesentlichen auch für die AG.

1.6 GESSI-Standardverträge

Eine große Erleichterung sind die Vertragsvorlagen **(Templates)** des German Standards Setting Institutes (GESSI). Dort[7] kann man unter anderem folgende Vertragsvorlagen herunterladen:

- Gesellschafterbeschluss: Ermächtigung der Geschäftsführer, einen Wandeldarlehensvertrag abzuschließen;
- Wandeldarlehensvertrag;
- Wandlungsverpflichtung.

[6] Zur analogen Anwendung aktienrechtlicher Vorschriften im Detail: Minkus Fischer (2018) § 3 lit. B, § 4 lit. C.

[7] German Standards Setting Institute GbR (2026); Die Gesellschaft ist ein Gemeinschaftsprojekt des Bundesverband Deutscher Startups e. V. und des Business Angels Deutschland (BAND) e. V.

Alle Verträge sind zweisprachig (Deutsch/Englisch). Ferner gibt es Verwendungshinweise und ein Berechnungstool. Die Vorlagen sind kostenlos erhältlich, man muss sich nur anmelden.

Die Verträge sind unter Beteiligung von Vertretern der Investoren (insbesondere Business Angels) und der Startup-Verbände von renommierten Wirtschaftsanwälten erstellt worden. Sie wurden über 83.000-mal heruntergeladen (GESSI-Angaben auf der Website, Stand März 2026), was wohl zumindest in Deutschland einen gewissen Standard herstellt. Da sie unter Beteiligung von Investoren und Gründern zustande gekommen sind, dürfen sie die Vermutung der Fairness und Ausgewogenheit für sich in Anspruch nehmen.

Aber: Natürlich enthalten die Vorlagen keinerlei Vorgaben hinsichtlich der zahlreichen zu verhandelnden wirtschaftlichen Parameter, was allein schon eine erhebliche Verhandlungsmasse darstellt. Ferner ist selbstverständlich auch die Struktur in keiner Weise bindend, weder in Deutschland noch bei der Verhandlung mit nicht-deutschen Investoren und Unternehmern, wo man keine Bekanntheit der deutschen Templates voraussetzen kann. Das Argument: „So steht es aber in den GESSI-Templates" kann man zwar gelegentlich verwenden, aber niemand ist gezwungen, deshalb die dort vorgeschlagenen Strukturen zu akzeptieren.

Daher sind die GESSI-Templates ein guter und hilfreicher Ausgangspunkt für Verhandlungen und vereinfachen sie, aber entbinden nicht davon, sich klarzumachen, welche anderen Möglichkeiten und Strukturen es gibt.

1.7 Steuerliche Bewertung

Die steuerliche Einordnung eines Wandeldarlehens richtet sich nicht nach einer speziellen steuerlichen Sonderregelung, sondern nach den allgemeinen Grundsätzen der Fremd- und Eigenkapitalfinanzierung. In der Ausgangsphase wird das Wandeldarlehen regelmäßig als Darlehen behandelt, solange eine wirksame Rückzahlungsverpflichtung besteht und die Konditionen einem Fremdvergleich standhalten. Die spätere Möglichkeit oder Pflicht zur Wandlung führt für sich genommen nicht zu einer Umqualifizierung in Eigenkapital.

Die vereinbarten Zinsen stellen beim Unternehmen grundsätzlich abzugsfähige Betriebsausgaben dar, soweit sie betrieblich veranlasst, fremdüblich und nicht durch besondere Abzugsbeschränkungen eingeschränkt sind. Beim Investor sind die Zinsen je nach Struktur als Einkünfte aus Kapitalvermögen gemäß § 20 EStG oder als Betriebseinnahmen zu erfassen. Werden aufgelaufene Zinsen nicht ausgezahlt, sondern in die Wandlung einbezogen, ist gesondert zu prüfen, ob und wann beim Investor ein steuerlicher Zufluss bzw. eine steuerliche Realisation eintritt. Bei privaten Investoren kann dadurch ein Dry-Income-Problem entstehen.

Bei richtiger Ausgestaltung kann die Wandlung regelmäßig ohne unmittelbare Ertragssteuerbelastung umgesetzt werden. Dies setzt insbesondere voraus, dass sie gegen Gewährung von Gesellschaftsanteilen erfolgt, keine unangemessenen Zusatzvorteile gewährt werden und die Bewertungsmechanik wirtschaftlich nachvollziehbar dokumentiert ist. Gleichwohl ist die Wandlung steuerlich im Einzelfall zu prüfen, insbesondere im Hinblick auf die Werthaltigkeit der Forderung, mitgewandelte Zinsen und die Anschaffungskosten der erhaltenen Anteile.

► **Steuertipp** Bereits bei der Strukturierung des Wandeldarlehens sollte eine enge Abstimmung zwischen rechtlicher und steuerlicher Gestaltung erfolgen. Insbesondere Zinssatz, Rangrücktritt sowie Bewertungsmechanismen bei der Wandlung sollten dokumentiert und anhand marktüblicher Parameter begründet werden, um spätere steuerliche Risiken zu minimieren.

2 Übersicht über Regelungen und den zeitlichen Ablauf

Um in der Vielzahl der möglichen Regelungen nicht unterzugehen, sei hier erst einmal ein grober Überblick und der zeitliche Ablauf beim Wandeldarlehen gegeben. Details zu den verschiedenen Phasen finden sich in den jeweiligen Abschnitten unten.

2.1 Gesellschafterbeschluss

Nach Vorverhandlungen über die wirtschaftlichen Parameter des Wandeldarlehens brauchen die Geschäftsführer einen Gesellschafterbeschluss zur Genehmigung des Wandeldarlehens. Das ist zwingend notwendig, weil die Geschäftsführer in Vertretung der GmbH beim Abschluss etwas versprechen, was weder die Geschäftsführer noch die GmbH selbst leisten können, nämlich die Wandlung des Darlehens. Die **Wandlung setzt eine Kapitalerhöhung der Gesellschaft zur Ausgabe neuer Gesellschaftsanteile voraus,** und darüber können nur die Gesellschafter entscheiden, nicht die Geschäftsführer (§§ 53, 55 GmbHG).

> **Wichtig** Der Abschluss eines Wandeldarlehens ist nicht ohne die Beteiligung der Gesellschafter möglich bzw. ratsam: Die Wandlung ist nur unter Beteiligung der Gesellschafter möglich, die daher frühzeitig eingebunden werden müssen.

M. Franz, S. Matussek, *Wandeldarlehen als alternative Finanzierungform*, essentials, https://doi.org/10.1007/978-3-658-53184-3_2

2.2 Darlehensvertrag

Das Wandeldarlehen entsteht zunächst als normales Darlehen: Ein Investor gibt einem Unternehmen einen Kredit. Dafür müssen primär Laufzeit und Zinsen vereinbart werden. Normalerweise werden **endfällige Zinsen** vereinbart, das Darlehen „kostet" den Unternehmer während der Laufzeit erst einmal nichts. Die Zinsen werden gewöhnlich „mitgewandelt" und fließen in die Unternehmensbeteiligung ein. Sicherheiten gibt es beim Wandeldarlehen nicht, es wird vielmehr ein Rangrücktritt vereinbart, wodurch das Wandeldarlehen bereits dem Eigenkapital angenähert wird: Im Insolvenzfall kann sich der Darlehensgeber nicht vorrangig an bestimmten Wirtschaftsgütern befriedigen (die es in der typischen Startup-Situation ohnehin nicht gibt), vielmehr wird er erst nach allen anderen Gläubigern **im Rang von EK-Investoren** bedient.

Wird das Darlehen zurückgezahlt, wirkt sich das aber nicht aus: Der Darlehensgeber bekommt sein eingesetztes Kapital plus Zinsen zurück, und das ist alles. Da das für den Darlehensgeber etwas unbefriedigend sein kann (immerhin hat er ja auf das „richtige Pferd gesetzt", da die Gesellschaft das Darlehen zurückzahlen konnte, profitiert davon aber nur mit fixen Zinsen), wird gelegentlich eine **Exit-Prämie** oder ein **Equity Kicker** vereinbart. D. h. es wird über die Zinsen hinaus ein Bonus gezahlt, der sich aus dem Unternehmenswert zur Zeit der Rückzahlung errechnet. Im Ergebnis wird der Darlehensgeber wirtschaftlich so gestellt, als ob schon gewandelt worden wäre.

2.3 Wandlung

Wird das Darlehen nicht zurückgezahlt, kann es in Unternehmensanteile gewandelt werden. Dabei stellen sich (mindestens) folgende Fragen:

- Wer entscheidet, ob überhaupt eine Wandlung stattfindet?
  - Darlehensgeber
  - Gründer
  - Automatische/zwingende Wandlung. Hier wird die Wandlung an den Eintritt von Bedingungen geknüpft. Typische Bedingungen sind:
    (Qualifizierte) Finanzierungsrunde: Es kommt zu einer Eigenkapitalfinanzierungsrunde, bei der andere Investoren Unternehmensanteile erwerben. Die Finanzierungsrunde ist qualifiziert, wenn bestimmte Bedingungen hinsichtlich der Investoren und der Höhe der Beteiligung vorliegen.

Fälligkeit des Darlehens: Das bedeutet, dass eine Rückzahlung des Darlehens eigentlich überhaupt nicht vorgesehen ist. Gleichzeitig wird die Insolvenz verhindert: Da der Darlehensgeber die Forderung nicht durchsetzen kann (sie wird ja bei Fälligkeit automatisch gewandelt), kann das Unternehmen auch nicht zahlungsunfähig sein – zumindest nicht wegen des Wandeldarlehens.
  - Eine Kombination aus Bedingungen und Entscheidungsbefugnis. Beispiele: Der Darlehensgeber kann wandeln, aber nicht vor einem bestimmten Datum. Der Gründer kann die Wandlung auslösen, aber nur, wenn bestimmte KPIs vorliegen.
- Zu welchem Wert wird gewandelt? Dies ist natürlich eine Kernfrage. Typisch sind:
  - Bei einer qualifizierten Finanzierungsrunde: Zu dem Wert, zu dem die anderen Investoren investieren. Dieses Vorgehen nennt man auch **piggy back** (wörtlich: „Huckepack"). Die Grundidee ist: Wenn unbeteiligte Dritte zu einem bestimmten Wert investieren, kann man von einem fairen Wert ausgehen. Auf diesen Wert setzt der Darlehensgeber auf. Häufig wird zusätzlich ein Discount und ein Cap vereinbart (siehe unten).
  - Basierend auf Unternehmenskennzahlen/KPIs, typischerweise als Vielfaches/Multiples des EBITDA/Umsatz.
  - Von einem Gutachter festgesetzter Wert.
  - Im Voraus festgesetzter Wert.

2.4 Gesellschaftervereinbarung/ Shareholder Agreement

Nun ist der vormalige Darlehensgeber Unternehmensmitinhaber. Wie soll die Zusammenarbeit zwischen Investor und Gründer aussehen? Das GmbHG sagt im Grundsatz nur, dass in der Gesellschafterversammlung alle Gesellschafter gemäß ihren Anteilen abstimmen (§ 47 Abs. 2 GmbHG). Hauptkompetenzen der Gesellschafterversammlung sind die Bestellung der Geschäftsführer und deren Abberufung[1] sowie die Verwendung des Ergebnisses. Ansonsten obliegt die Geschäftsführung den Geschäftsführern, also normalerweise den Gründern. Da diese Regelungen im Verhältnis Investor – Gründer häufig als zu „dünn" empfunden werden, wird zusätzlich eine Gesellschaftervereinbarung/Shareholder Agreement (SHA) abgeschlossen, die das Verhältnis genauer regelt, z. B.

[1] Weitere Aufgaben der Gesellschafter finden sich in § 46 GmbHG.

- Welche Kontrollrechte hat der Investor hinsichtlich der Geschäftsführung?
- Was passiert, wenn der Gründer nicht mehr Geschäftsführer ist/sein will?
- Was passiert, wenn Gründer und/oder Investor ihre Anteile verkaufen wollen?
- Was passiert, wenn weitere Investoren in die Gesellschaft investieren wollen?

Zwingend ist ein SHA nicht. Man kann die Verhandlung des SHA theoretisch auch auf den Zeitpunkt der Wandlung oder danach verschieben. Da es aber in der Regel der Investor ist, der im Fall der Wandlung größere Kontrolle über sein Investment haben will, kann der Gründer dann einfach sagen: „Ein SHA wird nicht benötigt!" und dagegen kann der Investor zu diesem Zeitpunkt nichts mehr tun. Daher wird die Verhandlung des SHA häufig vorgezogen auf den Zeitpunkt des Abschlusses des Wandlungsdarlehens, wo der Investor die Tatsache, dass der Gründer auf Geld angewiesen ist, als Druckmittel nutzen kann.

2.5 „GESSI-Standard"

Die GESSI-Templates treffen folgende Regelungen:

- Endfälliges, unbesichertes Darlehen mit Rangrücktritt und Exit-Prämie.
- Automatische Wandlung bei qualifizierter Finanzierungsrunde, Fälligkeit und Kündigung aus wichtigem Grund.
- Bewertung: Bei qualifizierter Finanzierungsrunde: piggy back mit Discount und Cap (siehe unten). Bei Fälligkeit und Kündigung aus wichtigem Grund: im Voraus festgesetzter Wert.
- Eine Gesellschaftervereinbarung/SHA wird nur in den Verwendungshinweisen genannt, ist aber nicht Teil des Vertragssets. Es gibt allerdings auch für SHAs GESSI-Templates.

Auf das haben sich die Verbände der Business Angels und Startups geeinigt und man kann es als Standard ansehen. Aber selbst wenn die GESSI-Templates Ausgangspunkt waren, haben wir noch nie erlebt, dass genau diese Struktur umgesetzt wurde.

2.6 Steuerliche Bewertung

Die einzelnen Phasen eines Wandeldarlehens (Gesellschafterbeschluss, Darlehensgewährung, Wandlung und ggf. Gesellschafterstellung) sind steuerlich getrennt zu würdigen.

Der Gesellschafterbeschluss selbst hat regelmäßig keine unmittelbaren steuerlichen Auswirkungen, ist jedoch im Hinblick auf die steuerliche Anerkennung der Gesamtstruktur von Bedeutung. Insbesondere bei Gesellschafterdarlehen ist darauf zu achten, dass die Vereinbarungen im Voraus getroffen und tatsächlich durchgeführt werden (sog. formeller Fremdvergleich).

In der Darlehensphase gelten die allgemeinen steuerlichen Grundsätze für Fremdkapital. Die Zinsen sind beim Unternehmen grundsätzlich als Betriebsausgaben abzugsfähig, unterliegen jedoch ggf. Beschränkungen (z. B. Zinsschranke). Beim Investor erfolgt die Besteuerung regelmäßig als Kapitaleinkünfte oder als Betriebseinnahme. Bei fehlender Fremdüblichkeit – insbesondere bei unangemessenen Zinssätzen oder fehlenden Rückzahlungsregelungen – besteht das Risiko einer Umqualifizierung in eine verdeckte Gewinnausschüttung oder verdeckte Einlage.

Die Wandlung des Darlehens in Eigenkapital kann bei richtiger Ausgestaltung regelmäßig ohne unmittelbare Ertragsteuerbelastung erfolgen. Entscheidend ist jedoch die Bewertung im Wandlungszeitpunkt. Wird das Darlehen zu einem Wert gewandelt, der erheblich vom Verkehrswert abweicht, können steuerliche Korrekturen erforderlich werden. Insbesondere bei Anwendung von Discount- oder Cap-Regelungen ist die Fremdüblichkeit zu prüfen.

Mit der Wandlung wechselt die steuerliche Qualifikation des Investors von einem Darlehensgeber zu einem Gesellschafter. Künftige Erträge unterliegen dann – je nach Struktur – dem Teileinkünfteverfahren oder der Steuerfreistellung nach § 8b KStG. Gleichzeitig können Regelungen aus der Gesellschaftervereinbarung (z. B. Liquidation Preferences oder Exit-Regelungen, siehe unten) steuerliche Auswirkungen auf die spätere Gewinnverteilung haben.

Bei einem bilanzierenden Darlehensgeber wird die Darlehensforderung im Zuge der Wandlung ausgebucht. An ihre Stelle treten die erworbenen Geschäftsanteile, die mit den steuerlichen Anschaffungskosten anzusetzen sind. Diese bestimmen sich regelmäßig nach dem Wert der hingegebenen Forderung einschließlich etwaiger einbezogener Zinsen; bei nicht voll werthaltigen Forderungen ist der Ansatz gesondert zu prüfen.

▶ **Steuertipp** Die steuerliche Beurteilung eines Wandeldarlehens sollte stets phasenbezogen erfolgen. Eine saubere vertragliche Dokumentation – insbesondere im Hinblick auf Fremdvergleich, Bewertungsmechanismen und Gesellschafterstellung nach Wandlung – ist entscheidend, um steuerliche Risiken über den gesamten Lebenszyklus des Investments zu vermeiden.

3 Gesellschafterbeschluss

Wenn das Wandeldarlehen im Wesentlichen ausgehandelt ist (zu den Regelungspunkten siehe unten, Ziffer 4), muss **vor Abschluss** des Darlehensvertrags ein Gesellschafterbeschluss gefasst werden. Er lautet schlicht:

> „Die Gesellschafter ermächtigen die Geschäftsführer der Gesellschaft, [bis zum X] Darlehen im Gesamtbetrag von bis zu EUR [X] im Wesentlichen zu den Bedingungen des als Anlage beigefügten Entwurfs des Wandeldarlehensvertrags aufzunehmen.“[1]

Der Gesellschafterbeschluss ist für die Geschäftsführer notwendig, um aus der Haftung zu kommen, da sie durch das Wandeldarlehen etwas versprechen, was sie selbst nicht leisten können: die Wandlung des Darlehens durch eine Kapitalerhöhung der Gesellschaft. Hier sind drei Punkte erwähnenswert:

- Die Erleichterung, dass der vorverhandelte Wandeldarlehensvertrag nur „im Wesentlichen“ abgeschlossen werden muss. Die Geschäftsführer können so noch kleinere Veränderungen vor Abschluss vornehmen, ohne dass sie einen erneuten Gesellschafterbeschluss herbeiführen müssten.
- Die zeitliche Begrenzung der Genehmigung. Das ist sachgerecht, da das Wandeldarlehen stark von der derzeitigen wirtschaftlichen Situation der Gesellschaft abhängt und z. B. in zwei Jahren nicht mehr den Umständen entspricht. Die Gesellschafter vermeiden so, dass die Genehmigung für eine überlange Zeit „in Reserve“ gehalten wird.

[1] Vgl. das GESSI-Template Wandeldarlehen-Gesellschafterbeschluss.

M. Franz, S. Matussek, *Wandeldarlehen als alternative Finanzierungform*, essentials, https://doi.org/10.1007/978-3-658-53184-3_3

- Der Beschluss ist unter Umständen **beurkundungspflichtig**[2] (siehe Ziffer 5.4).

Steuerliche Bewertung

Der Gesellschafterbeschluss zur Genehmigung des Wandeldarlehens entfaltet regelmäßig keine unmittelbaren steuerlichen Wirkungen. Seine Bedeutung liegt jedoch in der steuerlichen Anerkennung der gesamten Vertragsstruktur.

Insbesondere bei Wandeldarlehen zwischen Gesellschaft und Gesellschaftern oder nahestehenden Personen ist der Beschluss ein wesentliches Element des formellen Fremdvergleichs. Steuerlich wird vorausgesetzt, dass Vereinbarungen im Vorhinein klar getroffen und tatsächlich durchgeführt werden. Fehlt ein entsprechender Gesellschafterbeschluss oder erfolgt dieser erst nachträglich, kann dies zur Nichtanerkennung einzelner Vertragsbestandteile führen.

Darüber hinaus dokumentiert der Gesellschafterbeschluss die gesellschaftsrechtliche Grundlage für die spätere Wandlung. Dies ist auch aus steuerlicher Sicht relevant, da die Wandlung regelmäßig nur dann steuerneutral erfolgen kann, wenn sie auf einer im Voraus getroffenen, klaren Vereinbarung beruht.

► **Steuertipp** Der Gesellschafterbeschluss sollte stets vor Abschluss des Wandeldarlehens gefasst und dokumentiert werden. Dies gilt insbesondere bei Gesellschafterdarlehen, um die Anerkennung von Vereinbarungen zwischen nahestehenden Personen sicherzustellen und spätere Diskussionen mit der Finanzverwaltung zu vermeiden.

[2] „Sieht eine Wandeldarlehensvereinbarung mit einseitiger Wandlungsoption für den Darlehensnehmer im Fall der Ausübung des Wandlungsrechtes eine für die Gesellschaft verbindliche satzungsändernde Kapitalerhöhung vor, sprich vieles für eine Pflicht zur notariellen Beurkundung des zu Grunde liegenden Gesellschafterbeschlusses nach § 53 Abs. 2 GmbHG." OLG Saarbrücken, Urteil vom 17. Mai 2022, Az. 8 U 30/19, Rn. 78.

4 Darlehensvertrag

Das Darlehen ist in §§ 488 ff BGB geregelt. Die Grundregelungen lauten schlicht (§ 488 BGB):

> „(1) Durch den Darlehensvertrag wird der Darlehensgeber verpflichtet, dem Darlehensnehmer einen Geldbetrag in der vereinbarten Höhe zur Verfügung zu stellen. Der Darlehensnehmer ist verpflichtet, einen geschuldeten Zins zu zahlen und bei Fälligkeit das zur Verfügung gestellte Darlehen zurückzuzahlen.
> (2) Die vereinbarten Zinsen sind, soweit nicht ein anderes bestimmt ist, nach dem Ablauf je eines Jahres […] zu entrichten."

Diese Punkte sind zunächst zu regeln, auch wenn die Regelungen beim Wandeldarlehen für viele Fälle wieder abgeändert werden. Die Grundregelung könnte also lauten:

- Der Darlehensgeber gewährt hiermit der Gesellschaft ein Darlehen in Höhe von insgesamt EUR [X].
- Das Darlehen wird mit einem Zinssatz von [X] % p. a. verzinst. Angefallene Zinsen sind am Ende der Laufzeit des Darlehens zu zahlen.
- Das Darlehen wird bis zum Ablauf des [X] („Endfälligkeitstag") gewährt.[1]

Zu den einzelnen Verhandlungspunkten:

[1] Zu den zahlreichen hilfreichen, aber nicht unbedingt notwendigen Nebenregelungen vgl. das GESSI-Template.

M. Franz, S. Matussek, *Wandeldarlehen als alternative Finanzierungform*, essentials, https://doi.org/10.1007/978-3-658-53184-3_4

Höhe der Zinsen Auch wenn es keine zwingenden Vorschriften zu Zinsen gibt, so werden Marktüblichkeiten durch Förderrichtlinien etabliert. So stellt das Merkblatt für das INVEST-Förderprogramm fest:

> „Der Darlehensvertrag muss einen Rangrücktritt enthalten und darf ausschließlich marktübliche Klauseln enthalten. Marktüblich sind:
>
> - ein Zinssatz von maximal 15 % p. a. …“[2]

Unter diesen Bedingungen kann den Investoren ein Förderzuschuss von 15 % vom Staat gewährt werden. In den GESSI-Verwendungshinweisen von 2023[3] steht noch: max. 10 % Zinsen p. a. Marktüblichkeiten wandeln sich also recht schnell.

Sind 10 % bzw. 15 % Zinsen nun viel oder wenig? Auch dazu gibt es viele Ansichten. Laut offiziellen Statistiken[4] überleben weniger als 50 % der Unternehmensgründungen die ersten vier Jahre, also genau den Zeitraum, für den Wandeldarlehen gedacht sind. Rein statisch müsste man also über die Laufzeit insgesamt 100 % Zinsen verlangen, um die Verluste wettzumachen, was meist sittenwidrig wäre. Man kann dagegen argumentieren, dass wohl vor allem diejenigen Start-ups nicht überleben, denen es nicht gelingt, eine Finanzierung zu erhalten. Und letztlich liegt es natürlich am Investor, ein Start-up zu finden, dessen Gründer, Produkte und Netzwerke Erfolg versprechen. Wandeldarlehen an Startups zählen aber zu Risikoinvestments, das kann man nicht leugnen. Am Markt kann man jedenfalls alle Zinssätze von ca. 6 % bis deutlich über 20 % finden. Wenn man 15 % als marktüblich betrachtet und die Rechtsprechung des BGH heranzieht, dass 12 % über Marktzins sittenwidrig sind, wäre die Grenze der Sittenwidrigkeit bei etwa 27 % erreicht. Es kann auch darunter schon kritisch werden, bleibt aber eine Einzelfallbetrachtung.

Laufzeit Hier sind mindestens zwei, eher vier Jahre üblich. Meist soll das Darlehen ja gar nicht zurückgezahlt werden, sondern am Ende der Laufzeit zwingend

---

[2] Bundesamt für Wirtschaft und Ausfuhrkontrolle (2025). Zu den zahlreichen weiteren Bedingungen der Förderung siehe: Bundesministerium für Wirtschaft und Klimaschutz: Förderrichtlinie zur Bezuschussung von Wagniskapital privater Investierender für junge innovative Unternehmen INVEST – Zuschuss für Wagniskapital vom 6. März 2024. Vgl. auch Hahn (2021), S. 76–79.

[3] German Standards Setting Institute GbR (2026).

[4] Statisches Bundesamt, https://genesis.destatis.de/datenbank/online/table/52111-0014 (abgerufen am 15. Juli 2026); Institut für Mittelstandsforschung, https://www.ifm-bonn.org/statistiken/gruendungen-und-unternehmensschliessungen/ueberlebensrate-von-unternehmen (abgerufen am 15. Juli 2026).

gewandelt werden, da werden häufig die KPIs zum Wandlungszeitpunkt für die Bewertung herangezogen. Diese KPIs müssen sich erst entwickeln, daher gilt aus Gründersicht natürlich: je länger, je besser.

Kündigung Hier ist zu unterscheiden:

- Kündigung des Darlehensgebers (vgl. Ziffern 4.1. bis 4.3 der GESSI-Templates):
  - Ordentliche Kündigung: Eine ordentliche Kündigung wird bei fester Laufzeit ausgeschlossen, so auch beim Wandeldarlehen.
  - Außerordentliche Kündigung: Der Darlehensgeber ist gewöhnlich zur Kündigung bei Auflösung der Gesellschaft, Insolvenz und ähnlichen Tatbeständen berechtigt. So behält er die Möglichkeit, bei Insolvenz etc. eine fällige Forderung anzumelden.
- Kündigung des Darlehensnehmers: Sie ist in den GESSI-Templates nicht vorgesehen. Sie kann aber verhandelt werden für den Fall, dass sich die Geschäfte besser als erwartet entwickeln und die Gründer das Darlehen so schnell wie möglich loswerden wollen. Dann stellt sich die Frage nach der **Vorfälligkeitsentschädigung:** Wenn das Darlehen zurückgezahlt wird, endet grundsätzlich auch der Zinslauf und der Darlehensgeber verliert einen Teil seines Profits, womit er sicher nicht einverstanden ist. Normalerweise kann eine vorzeitige Rückzahlung gegen **volle Zahlung der Zinsen bis Laufzeitende** vereinbart werden. Zumindest wird das zunächst die nachvollziehbare Forderung des Darlehensgebers sein, und dagegen muss der Gründer „anverhandeln." Erhebliche Reduktionen sollte der Gründer bei einem Risikoinvestment eher nicht erwarten – eher im Gegenteil: Da der Investor hier die Chance auf Wandlung verliert, könnte er dafür sogar eine Entschädigung verlangen.
- Automatische Kündigung bei **vorzeitigem Exit:** Diese Regelung wird man bei einem normalen Darlehensvertrag nicht finden, sie ist aber in Ziffer 7 der GESSI-Templates vorgesehen. Gerade wenn das Unternehmen frühzeitig besonders erfolgreich ist, profitiert der Investor nicht, da das Darlehen zurückgezahlt werden kann. Dem wird hier durch die Zahlung einer **Exit-Prämie/ Equity Kicker**[5] abgeholfen. Ein **Exit** ist eine Transaktion, bei der die Gründer als Mehrheitseigentümer aus dem Unternehmen „aussteigen", also mindestens

[5] Theoretisch ist ein Equity Kicker bei einem Darlehen ein Recht zur (teilweisen) Wandlung in EK, also das, was für das Wandeldarlehen ohnehin gilt. Der Equity Kicker wird aber häufig auf Grund der Bewertung der Gesellschaft sofort umgerechnet in Geld und als Aufschlag/ Bonus zur Darlehensrückzahlung gezahlt; es kommt also nie zur Wandlung in EK. Dann gibt es zwischen Exit-Prämien und Equity Kicker auch keinen strukturellen Unterschied mehr.

50 % der Geschäftsanteile verkaufen. Die Gründer erreichen ein (teilweises) **Cash-out** also schon vor Ende der Laufzeit, an dem der Investor gerne beteiligt wäre. Diese Regelung erreicht zwei Ziele:

- Das Darlehen ist im Fall des Exits vorzeitig rückzahlbar. Das ist sinnvoll, da der neue Investor die Alt-Investoren häufig loswerden will, vor allem, da ja immer noch die Wandlung „droht" und er dann (selten willkommene) Mitgesellschafter bekommt.[6]
- Der Darlehensgeber bekommt zusätzlich zu dem gesamten Rückzahlungsbetrag (Darlehen plus Zinsen) eine Exit-Prämie, die im GESSI-Template als Pauschalbetrag vereinbart wird. Es liegt aber nahe, hier ein piggy back zu vereinbaren, da beim Exit ja eine Unternehmensbewertung vorliegt.

Verhandlungspunkte sind hier:

- Definition des Exits: Das GESSI-Template sieht eine Abtretung von 50 % der Geschäftsanteile vor, es können aber höhere (theoretisch auch niedrigere) Prozentsätze vereinbart werden.
- Höhe der Exit-Prämie: Man kann eine Pauschale vereinbaren, die sich aus der (vermuteten) Bewertung beim Exit herleitet. Da man hier wieder spekulieren muss, liegt es nahe, die Exit-Prämie flexibel zu berechnen und dabei die Investmentsumme mit der Bewertung des Unternehmens beim Exit ins Verhältnis zu setzen. Ferner können auf diese Berechnung dann wieder Aufschläge, Abschläge (Discounts), Caps und Floors angewendet werden. Vgl. dazu die ähnlichen Überlegungen bei der Wandlung (unten Ziffer 5.3).

Ein Equity Kicker kann auch in anderen Situationen als einem Exit vereinbart werden, z. B. bei jeder vorzeitigen Rückzahlung oder dem Verkauf eines Minderheitsanteils. Der Equity Kicker übernimmt dann quasi die Funktion einer Vorfälligkeitsentschädigung bzw. ergänzt sie. Der Grundgedanke ist immer derselbe: Wenn das Startup frühzeitig besonderen Erfolg hat, will der Investor an diesem Erfolg mit mehr als fixen Zinsen profitieren.

[6] Die GESSI-Verwendungshinweise sehen auch noch folgenden Aspekt: Es wird verhindert, „dass Darlehensgeber, die noch nicht Gesellschafter der Gesellschaft sind, einen Exit blockiere können, da sie noch nicht den in der Gesellschaftervereinbarung typischerweise enthaltenen Mitveräußerungspflichten unterfallen." Dazu unten, Ziffer 6.5.

Rangrücktritt[7] Grundlage ist hier § 19 Insolvenzordnung:

> „Überschuldung liegt vor, wenn das Vermögen des Schuldners die bestehenden Verbindlichkeiten nicht mehr deckt […]. Forderungen auf Rückgewähr von Gesellschafterdarlehen oder aus Rechtshandlungen, die einem solchen Darlehen wirtschaftlich entsprechen, für die gemäß § 39 Abs. 2 zwischen Gläubiger und Schuldner der Nachrang im Insolvenzverfahren hinter den in § 39 Abs. 1 Nr. 1 bis 5 bezeichneten Forderungen vereinbart worden ist, sind nicht bei den Verbindlichkeiten nach Satz 1 zu berücksichtigen."

Liegt Überschuldung vor, müssen die Geschäftsführer Insolvenzantrag stellen. Ohne den Rangrücktritt läge bei Startups Überschuldung aber fast unmittelbar nach Abschluss des Wandeldarlehens vor: Werden Gehälter, Miete, Dienstleister, Lizenzen etc. aus dem Darlehen gezahlt, vermindert sich das Vermögen der Gesellschaft, während die Schulden (=Verbindlichkeiten) gleichbleiben. Anderes Vermögen hat das Startup aber normalerweise nicht, also geht es ohne Rangrücktritt praktisch nicht.

Aufgrund der Rechtsprechung muss beim Rangrücktritt genau und etwas ausführlich formuliert werden. Die GESSI-Formulierung (Ziffer 3 des Templates) ist aber „state of the art" und sollte immer übernommen werden, egal, ob INVEST-Förderung beantragt werden soll (dort ist der Rangrücktritt Förderungsvoraussetzung) oder nicht.[8]

Informationsrechte Beim Wandeldarlehen ist es üblich, dass die Darlehensgeber wie die Gesellschafter über die Unternehmensentwicklung informiert werden. Die Gesellschafterstellung wird also insoweit vorgezogen. Die Darlehensgeber erhalten daher üblicherweise Monats- und Quartalsberichte, Budgets, Jahresabschlüsse etc.

Steuerliche Bewertung

Der Darlehensvertrag bildet die zentrale Grundlage für die steuerliche Beurteilung des Wandeldarlehens. Maßgeblich ist zunächst, ob das Darlehen steuerlich als Fremdkapital anerkannt wird. Dafür sprechen insbesondere eine wirksame Rückzahlungsverpflichtung, eine klare Laufzeitregelung, eine fremdübliche Verzinsung und eine eindeutige vertragliche Dokumentation. Die bloße spätere

---

[7] Vgl. Hahn (2021), S. 50.

[8] Zur insolvenzrechtlichen Gleichstellung von Wandeldarlehensgeber mit Gesellschafter, der Darlehen gibt, im Detail: Minkus Fischer (2018), § 5 lit. B.

Wandlungsmöglichkeit führt nicht dazu, dass das Darlehen von Anfang an als Eigenkapital zu behandeln wäre.

Die vereinbarten Zinsen sind beim Unternehmen grundsätzlich als Betriebsausgaben abzugsfähig. Voraussetzung ist jedoch, dass sie betrieblich veranlasst und fremdüblich sind. Bei Gesellschafterdarlehen oder Darlehen zwischen nahestehenden Personen sind insbesondere Zinssatz, Laufzeit, Rückzahlungsmodalitäten, Rangrücktritt, Wandlungsmechanik und etwaige Zusatzvergütungen wie Exit-Prämien oder Equity Kicker zu prüfen. Nicht fremdübliche Konditionen können steuerliche Korrekturen auslösen, insbesondere verdeckte Gewinnausschüttungen oder verdeckte Einlagen.

Der häufig vereinbarte Rangrücktritt ist steuerlich aus zwei Perspektiven zu beurteilen.

Auf Ebene der darlehensnehmenden Gesellschaft stellt sich insbesondere die Frage, ob die Darlehensverbindlichkeit in der Steuerbilanz weiterhin zu passivieren ist. Ein Rangrücktritt führt nicht automatisch zur steuerlichen Umqualifizierung in Eigenkapital und auch nicht automatisch zur Ausbuchung der Verbindlichkeit. Entscheidend ist die konkrete Formulierung der Rangrücktrittsklausel. Kritisch sind insbesondere Formulierungen, nach denen die Forderung ausschließlich aus künftigen Gewinnen, künftigen Einnahmen oder Liquidationsüberschüssen zu bedienen ist. In solchen Fällen kann § 5 Abs. 2a EStG ein Passivierungsverbot auslösen. Die Folge wäre ein steuerpflichtiger Ertrag bei der Gesellschaft, ohne dass ihr Liquidität zufließt.

Auf Ebene des Darlehensgebers bleibt die Forderung trotz Rangrücktritt grundsätzlich bestehen. Der Rangrücktritt kann aber ihre wirtschaftliche Werthaltigkeit beeinflussen. Bei bilanzierenden Darlehensgebern kann daher zu prüfen sein, ob eine Teilwertabschreibung in Betracht kommt. Bei privaten Darlehensgebern stellt sich die Frage eines steuerlich berücksichtigungsfähigen Verlusts regelmäßig erst bei endgültigem Ausfall, Veräußerung, Verzicht oder einem sonstigen steuerlichen Realisationstatbestand.

Der Rangrücktritt ist damit steuerlich ambivalent: Bei der Gesellschaft geht es vor allem um die Passivierung der Darlehensverbindlichkeit und die Vermeidung eines steuerpflichtigen Ausbuchungsgewinns. Beim Darlehensgeber geht es vor allem um die Werthaltigkeit der Forderung, mögliche Wertberichtigungen und die spätere steuerliche Behandlung eines Ausfalls oder einer Wandlung.

Zusatzvergütungen wie Exit-Prämien oder Equity Kicker sind steuerlich gesondert zu beurteilen. Je nach Ausgestaltung können sie als zusätzlicher Kapitalertrag,

Betriebseinnahme oder Bestandteil eines späteren Veräußerungserlöses zu qualifizieren sein.

Bei internationalem Bezug sind zusätzlich Quellensteuerfragen, Doppelbesteuerungsabkommen, Verrechnungspreise und hybride Qualifikationskonflikte zu prüfen.

► **Steuertipp** Der Darlehensvertrag sollte einem strengen Fremdvergleich standhalten. Zinssatz, Laufzeit, Rückzahlungsmodalitäten, Rangrücktritt, Wandlungsmechanik und Zusatzvergütungen sollten nachvollziehbar dokumentiert werden. Bei Gesellschaftern, nahestehenden Personen und grenzüberschreitenden Strukturen empfiehlt sich eine besonders sorgfältige steuerliche Dokumentation. Vergleichsangebote oder Marktparameter können helfen, die Fremdüblichkeit in einer späteren Betriebsprüfung zu belegen.

5 Wandlung

Die Wandlung ist der komplizierteste Teil des Vertragswerks und auch derjenige Punkt, der bei Verhandlungen erfahrungsgemäß die meiste Zeit einnimmt.

5.1 Wandlungsberechtigung

Zunächst ist zu vereinbaren, wer über eine Wandlung entscheidet: der Gründer, der Darlehensgeber oder wird die Wandlung automatisch ausgelöst? Insbesondere hier wird häufig aneinander vorbeigeredet: Es werden zwar im Detail Zeitpunkt, Bedingungen bzw. KPIs der Wandlung besprochen, aber am Ende stellt sich heraus, dass man völlig unterschiedliche Vorstellungen über die Wandlungsberechtigung hatte. Vor allem, wenn man zunächst mit einem **Term Sheet** oder **Letter of Intent** gearbeitet hat, die nur Stichpunkte enthalten, liegt das nahe.

Es ist aber natürlich ein signifikanter Unterschied, ob z. B. in vier Jahren oder bei einem EBITDA von € 100.000:

- der Gründer wandeln kann, aber nicht muss; oder
- der Investor wandeln kann, aber nicht muss; oder
- automatisch gewandelt werden muss.

Zumindest bei ausländischen Investoren sollte man also besser zuerst die GESSI-Templates versenden. Später zu sagen: „Wir machen das aber immer so!", erhält meist die Standardantwort: „Und ich mache das immer so!"

M. Franz, S. Matussek, *Wandeldarlehen als alternative Finanzierungform*, essentials, https://doi.org/10.1007/978-3-658-53184-3_5

5.2 Wandlungsbedingungen

Das GESSI-Template sieht zwei Situationen vor, in denen automatisch gewandelt wird:

Qualifizierte Finanzierungsrunde Eine qualifizierte Finanzierungsrunde wird definiert als Eigenkapitalfinanzierungsrunde, bei der von Dritten eine bestimmte Summe Eigenkapital eingebracht wird (Präambel C des GESSI-Templates). Die Qualifizierung ist wichtig, um Manipulationen auszuschließen: Es wäre ansonsten möglich, dass ein Gründer oder eine ihm nahestehende Person eine minimale Beteiligung zu einem hohen Betrag erwirbt und dadurch eine absurd hohe Bewertung herbeiführt. Kauft z. B. ein Gründer selbst einen (1) von 25.000 Geschäftsanteilen für € 1.000, entsteht dadurch eine fingierte Bewertung von € 25 Mio., wodurch der Darlehensgeber nur eine minimale Anzahl an Geschäftsanteilen erhalten würde. Verhandlungspunkte sind hier:

- Die Höhe der Schwelle. Es sollte mindestens so viel sein, wie der Darlehensgeber investiert hat. Üblich sind bei Startups € 100.000 bis € 1.000.000.
- Die Definition der Dritten. Das GESSI-Template schließt nur Personen aus, die nicht bereits Gesellschafter sind. Teilweise werden darüber hinaus auch verbundene Unternehmen (§ 15 AktG) und nahestehende Personen (§ 111a AktG) ausgeschlossen.

Zwingende Wandlung bei Fälligkeit Die GESSI-Templates sehen eine zwingende Wandlung bei Fälligkeit vor. Alle ausstehenden Forderungen (Darlehensbetrag plus Zins) werden bei Fälligkeit in Geschäftsanteile gewandelt. Denkbar wäre aber auch, dass darüber der Darlehensgeber oder Gründer noch entscheiden können.

Daneben sind aber noch andere Wandlungsbedingungen denkbar, z. B.

Erreichen von bestimmten KPIs Darlehensgeber oder Gründer können wandeln, wenn ein bestimmter Umsatz oder ein bestimmtes EBITDA erreicht wird. Falls die von Gründer versprochenen Zahlen vorliegen, kann eine Wandlung sinnvoll sein, auch wenn keine Finanzierungsrunde zusammenkommt oder vielleicht gar nicht erwünscht ist.

Erreichen eines bestimmten Datums Darlehensnehmer und/oder Gründer können entscheiden, ab einem bestimmten Datum zu wandeln, z. B. nach zwei oder vier Jahren. Auch hier ist dann eine Wandlung auch ohne Finanzierungsrunde möglich.

Die Wandlungsbewertung kann dann noch vom genauen Zeitpunkt der Wandlung abhängig gemacht werden.

5.3 Bewertung

Bei der Bewertung des Unternehmens zum Zeitpunkt der Wandlung sind der Fantasie praktisch keine Grenzen gesetzt:

Fester Betrag Das ist am einfachsten und sichersten, aber entspricht nicht dem Gedanken des Wandeldarlehens. Das Wandeldarlehen ist eine Wette auf die Zukunft, und wenn man sich auf eine bestimmte Unternehmensbewertung für die Zukunft einigen kann, hätte man das bereits im Vorfeld tun und auf das Wandeldarlehen komplett verzichten können. Das GESSI-Template sieht zwar einen festen Betrag für die zwingende Wandlung vor, aber während der Verhandlungen einigt man sich dann eher doch auf eine andere Methode. Man kann den Mechanismus eines Fixpreises aber auch auf folgende Weise nutzen: Der Investor bekommt bei Ablauf des Darlehens Anteile zu einer niedrigen Bewertung und damit eine hohe Beteiligung. Die Gründer stehen dann unter dem Druck, vorher eine Finanzierungsrunde mit einer hohen Bewertung herbeizuführen, um eine Wandlung zu einer niedrigen Bewertung zu verhindern.

Gutachten Auch wenn das vernünftig klingt, ist davon abzuraten. Gutachter können Großbetriebe oder Mittelständler auf der Grundlage von zahlreichen KPIs, Vergleich mit Zahlen aus ähnlichen Industriebetrieben etc. zuverlässig beurteilen. Bei Start-ups spekulieren sie jedoch mangels belastbarer Zahlen wie jeder andere auch. Zudem dauern die Gutachten lange und sind sehr teuer (deutlich fünfstellige Summen sind normal). Am Ende hätte man das Ergebnis meist genauso gut würfeln können.

Piggy back Das ist die Standardmethode bei Finanzierungsrunden: Der Darlehensgeber übernimmt die Bewertung der neuen Investoren, die als fair angenommen wird – zumindest, nachdem Manipulationsmöglichkeiten durch die Qualifizierung ausgeschlossen wurden. Zwei Feinheiten, die auch im GESSI-Template vorkommen, sind dabei zu erwähnen:

- **Pre-money/post-money:** Die Firma wird zunächst bewertet, wie sie ist, also ohne das intendierte Investment (pre-money). Sobald das Investment aber getätigt wird, erhöht sich der Firmenwert um die investierte Summe (post-money).

Beispiel: Eine Firma wird mit € 1 Mio. bewertet, die investierte Summe beträgt € 200.000. Pre-money-Bewertung: € 1 Mio.; post-money-Bewertung € 1,2 Mio. Beim piggy back wird die pre-money-Bewertung zur Grundlage gemacht, da nur dann der Darlehensgeber wirklich gleichgestellt wird.
- **Fully diluted:** Dilution bedeutet wörtlich „Verwässerung", fully diluted also „voll verwässert". Gemeint ist die Entwertung von Geschäftsanteilen, die durch die Erhöhung der Menge der Geschäftsanteile entsteht: 100 Anteile von 1000 sind bei gleichem Unternehmenswert offensichtlich weniger wert als 100 Anteile von 2000. Manchmal „droht" die Verwässerung auch nur, wenn z. B. Optionen im Rahmen eines Mitarbeiterbeteiligungsprogramms ausgegeben wurden. Rechnet man alle „drohenden Verwässerungen" mit ein, nennt man das „fully diluted". Beispiel: Das Unternehmen hat 10.000 Anteile und zusätzlich 1000 Mitarbeiteroptionen ausgegeben. 10 % der Geschäftsanteile wären in diesem Fall normalerweise 1000 Anteile, aber fully diluted 1100 Anteile. Gibt es keine Optionen oder Ähnliches, dann ergibt die fully diluted-Klausel auch keinen Unterschied.

KPIs Hier sind Umsatz und EBITDA die häufigste Wahl. In Boomzeiten wurde häufig ein Multiple des Umsatzes vereinbart. Derzeit (2026) ist das selten, es wird fast immer das EBITDA zur Grundlage gemacht. Bei reifen Unternehmen wird derzeit etwa das 10-fache des EBITDA vereinbart, bei Startups weniger, eher das 5- bis 8fache.

Wenn man sich grundsätzlich auf eine Bewertungsmethode geeinigt hat, gibt es immer noch zahlreiche Möglichkeiten zum „Feinschliff":

Discount Ein Abschlag von bestimmten Kennzahlen. Häufig bekommt der Darlehensgeber bei qualifizierten Finanzierungsrunden einen Abschlag von bis zu 30 %. Der Darlehensgeber argumentiert dabei wie folgt: „Ich gebe im Jahr 0 ein Darlehen von € 200.000 bei einem EBITDA von € 0. Im Jahr 3 wird das Unternehmen in einer qualifizierten Finanzierungsrunde bei einem EBITDA von € 200.000 mit € 1,5 Mio. bewertet. Das mag eine faire Bewertung im Jahr 3 sein, aber es berücksichtigt nicht, dass ich im Jahr 0 bei € 0 EBITDA ein viel höheres Risiko eingegangen bin als die Investoren jetzt im Jahre 3. Dafür will ich durch einen Discount belohnt werden." Nichts ist hier vorgegeben, aber ein Discount von 20 % ist nicht unüblich. Möglich ist es auch, den Discount zeitlich zu staffeln: Je weiter die Finanzierungsrunde in der Zukunft liegt (= je länger der Darlehensgeber das Risiko allein trägt), umso höher der Discount.

Threshold Ein Schwellenwert für einen Betrag. Der Threshold kann eine Obergrenze sein (dann nennt man ihn **Cap**) oder eine Untergrenze **(Floor).**

Cap Allgemein eine Obergrenze für einen Betrag. Der Cap kann sich auf eine Bewertung beziehen (das nützt dem Investor, der „billig kaufen" will) oder auf eine Beteiligung (das nützt dem Gründer, der Anteile behalten will). Er kann sich aber auch auf einen Discount beziehen: Da der Discount dem Investor nützt, nützt die Begrenzung des Discounts durch den Cap dem Gründer bzw. den anderen Investoren. Man sollte hier besser genau lesen und Berechnungsbeispiele anfertigen.

Floor Spiegelbildlich zum Cap eine Untergrenze für einen Betrag.

Collar Eine Kombination aus Floor und Cap, also z. B. eine Bewertung von nicht weniger als € 2 Mio. und nicht mehr als € 3 Mio.

Das GESSI-Template sieht bei der zwingenden Wandlung einen (zu verhandelnden) Festbetrag und bei der qualifizierten Finanzierungsrunde ein modifiziertes piggy back vor, verkürzt:

> „Der Erwerbspreis pro Geschäftsanteil entspricht der [eventuell voll verwässerten] Pre-Money-Bewertung der qualifizierten Finanzierungsrunde abzüglich eines Abschlags in Höhe von [X] % **(„Discount"),** maximal jedoch EUR [X] (**„Cap"**)"

Eine gewisse Marktüblichkeit etablieren hier wieder die Förderregeln:

> „Marktüblich sind: [...]
>
> - ein Diskont von maximal 30 %,
> - ein Cap, sofern dieser nicht unterhalb der Bewertung der letzten Finanzierungsrunde liegt oder zu einem Erwerb von mehr als 25 % der Anteile des Unternehmens führt."[1]

Bei Wandlungsbedingungen und -bewertung können sich also sog. **Deal Junkies** (Verhandler, die Spaß daran haben, auch noch die letzte unwahrscheinliche Situation bis ins kleinste Detail mit Ausnahmen und Rückausnahmen zu regeln) austoben. Dass es manche dabei leicht aus der Kurve tragen kann, zeigt folgendes

[1] Bundesamt für Wirtschaft und Ausfuhrkontrolle (2025).

Beispiel

Wir als Vertreter der Gründer hatten folgende Bewertung bei einer zwingenden Wandlung vorgeschlagen:

> „6 × EBITDA des Jahres vor der Wandlung,
> aber in keinem Fall weniger als € 1.950.000.“

Wir waren sehr verblüfft, als der (anwaltlich nicht vertretene) Investor auf einmal eine Mindestbewertung von € 3 Mio. forderte. Da die höhere Bewertung zu einer Verminderung seiner Anteile führte, war das nicht in seinem Interesse. Es war ein bisschen wie in der Comic-Serie „Wicki“: Der Wikingerhäuptling bekommt ein Viertel der Beute angeboten und antwortet empört: „Ich will mindestens ein Fünftel!“ Wicki kann nur die Hände vors Gesicht schlagen. Vermutlich hatte der Investor den Floor für die Bewertung mit einer Bedingung für die Durchführung der Wandlung verwechselt (auch dann ergibt die Forderung aber eigentlich wenig Sinn). Am Ende bekam der Investor jedenfalls seine € 3 Mio. Mindestbewertung. ◄

Aufgrund solcher Erfahrungen empfiehlt es sich, alle Optionen mit verschiedenen Bewertungen in Excel-Tabellen durchzurechnen und als **Beispielrechnung dem Vertrag anzuhängen.**

5.4 Form der Verträge, Beurkundung

Bei der Form muss auf rechtstechnische Feinheiten eingegangen werden, da eine verunglückte Rechtsprechung eine **fatale Falle für Gründer** produziert hat. Grundlage sind die beiden Vorschriften § 55 Abs. 1 GmbHG:

> „Wird eine Erhöhung des Stammkapitals beschlossen, so bedarf es zur Übernahme jedes Geschäftsanteils an dem erhöhten Kapital einer notariell aufgenommenen oder beglaubigten Erklärung des Übernehmers.“

und § 53 GmbHG:

> „(1) Eine Abänderung des Gesellschaftsvertrags kann nur durch Beschluss der Gesellschafter erfolgen. […]
> (3) Der Beschluss muss notariell beurkundet werden.“

Das Problem ist ein Urteil des OLG Zweibrücken.[2] Was war passiert?

Beispiel

Der Geschäftsführer einer GmbH nahm ein Wandeldarlehen mit Rangrücktritt auf. Die Verträge wurden nicht notariell beurkundet. Die GmbH ging insolvent. Der Insolvenzverwalter machte die Formnichtigkeit des gesamten Wandeldarlehens geltend. Direkt formnichtig sei nur die Wandlung, aber eine Aufspaltung in einen Darlehensteil und einen Wandlungsteil sei nicht möglich. Der Rangrücktritt sei damit ebenfalls nichtig. Der Geschäftsführer antwortet, dass es sich bei der (bedingten) Wandlung lediglich um Vorverträge gehandelt habe, die nichtbeurkundungspflichtig seien.

Das OLG Saarbrücken gab dem Insolvenzverwalter recht und hielt das Wandeldarlehen als Ganzes wegen § 55 GmbH für formnichtig. Damit konnte der Darlehensgeber das Darlehen sofort nach Auszahlung zurückfordern, was die Zahlungsunfähigkeit der GmbH zur Folge hatte. Weil die GmbH also insolvent war, durfte der Geschäftsführer keine Zahlungen mehr leisten, was er in Unkenntnis der Formnichtigkeit aber tat. Diese Zahlungen konnte der Insolvenzverwalter nach § 64 Satz 1 GmbH alte Fassung (jetzt § 15b InsO) zurückfordern. **Im Ergebnis haftete der Geschäftsführer also persönlich, weil er kein einfaches Darlehen, sondern ein Wandeldarlehen ohne notarielle Beurkundung aufgenommen hatte.** ◄

Zur Vermeidung von Missverständnissen:

- Ein Darlehen an sich ist nicht beurkundungspflichtig, nur die Wandlung ist es. Es wurde hier aber mit § 139 BGB angenommen, dass das Darlehen ohne die Wandlung gar nicht abgeschlossen worden wäre, was den verbundenen Vertrag als Ganzen nichtig mache. Schon darüber kann man streiten.
- Niemand bestreitet, dass die Wandlung selbst als Kapitalerhöhung nach § 55 GmbHG beurkundungspflichtig ist. Hier wurde aber gar nicht gewandelt. Das Gericht verlegte jedoch die Formbedürftigkeit auf die **Verpflichtung zur Wandlung** vor, was so nicht im Gesetz steht. Das OLG sah nach Sinn und Zweck der Vorschrift schon eine verbindliche Verpflichtung zur Wandlung (im Gegensatz zur Wandlungsoption) als formbedürftig an, „sofern es sich bei [dem Übernehmer] um eine gesellschaftsfremde Person handelt" (Rn. 72).

[2] OLG Zweibrücken, Urteil vom 17. Mai 2022, Az. 8 U 30/19.

- Ferner sah das OLG im Fall einer **Wandlungsoption für den Unternehmer** nach § 53 GmbHG auch eine **Formbedürftigkeit des Gesellschafterbeschlusses,** der das Darlehen genehmigt. Auch hier wird der Gesellschaftsvertrag aber noch gar nicht geändert und wird es vielleicht auch niemals werden.

Das sind äußerst kühne Erweiterungen der Formbedürftigkeit, die von der Anwaltschaft fast geschlossen kritisiert wurden.[3] Das wäre alles nicht so schlimm gewesen, hätte auf die Nichtzulassungsbeschwerde hin der BGH die Entscheidung des OLG Saarbrücken nicht deutlich kritisiert – und die Beschwerde dann zurückgewiesen.[4] Es lägen keine Revisionsgründe nach § 543 Abs. 2 ZPO vor, also weder eine grundsätzliche Bedeutung noch die Sicherung einer einheitlichen Rechtsprechung. Das ist fast noch unverständlicher als die Entscheidung des OLG, da das Problem bei jedem Wandeldarlehen mit verpflichtender Wandlung auftritt, also z. B. auch beim GESSI-Template. Wie dem auch sei:

► **Wichtig** Wie immer geht es im Recht nicht darum, Recht zu haben, sondern vor Gericht Recht zu bekommen. Daher: **Wer Wandeldarlehen mit verpflichtender Wandlung oder Wandlungsoption des Unternehmers ohne notarielle Beurkundung abschließt, riskiert die Privatinsolvenz!** Darauf weisen auch die Verwendungshinweise der GESSI-Templates unter Ziffer 2 hin.

5.5 Wandlungsverpflichtung, Wandlungsdurchführung

Zur Durchführung der Wandlung muss entweder das Kapital der Gesellschaft zur Ausgabe neuer Anteile erhöht werden oder eigene Geschäftsanteile der Gesellschaft an den Darlehensgeber verkauft werden (letzteres ist eher selten). Da nur die Gesellschafter eine Kapitalerhöhung beschließen können, ist es sinnvoll, dass sie sich schon beim Abschluss des Darlehens zu diesen Handlungen verpflichten. Würden sich die Gesellschafter zum Zeitpunkt der Wandlung weigern, hätten die Geschäftsführer ein Haftungsproblem.

Die GESSI-Templates lagern diese Wandlungsverpflichtung in einen eigenen Vertrag aus. Das ist sinnvoll, da die Wandlungsverpflichtung aus Sicherheitsgründen notariell beurkundet werden sollte (siehe oben, Ziffer 5.4) und von der Gesellschaft, **allen Gesellschaftern** und **allen Darlehensgebern** unterzeichnet werden

[3] Statt vieler Leutner/Schlotter/Zätzsch (2025), § 6, Rn. 4–7 mit weiteren Nachweisen.

[4] BGH, Beschluss vom 25. April 2023, Az. II ZR 96/22.

muss. So erhalten die Darlehensgeber einen direkten, klagbaren Anspruch gegen die Gesellschafter auf Kapitalerhöhung und Übernahme der Anteile. Der Kaufpreis wird mit der gesamten Darlehensforderung (Darlehen und Zinsen) verrechnet.

Man beachte, dass so alle Beteiligten **zweimal zum Notar** müssen: einmal beim Abschluss der Wandlungsverpflichtung und einmal bei der tatsächlichen Kapitalerhöhung und Übernahme der Anteile. Falls einige Beteiligte sich im Ausland aufhalten, muss entweder mit Vollmachten gearbeitet werden (die dann mit einigem Aufwand apostilliert/legalisiert werden müssen) oder die Beteiligten müssen extra zum Notar anreisen. Eher umständlich, aber die Rechtsprechung zwingt dazu.

5.6 Steuerliche Bewertung

Die Wandlung des Darlehens in Eigenkapital ist der steuerlich sensibelste Abschnitt des Wandeldarlehens. Bei richtiger Ausgestaltung kann sie regelmäßig ohne unmittelbare Ertragsteuerbelastung umgesetzt werden. Voraussetzung ist insbesondere, dass die Wandlung auf einer klaren vertraglichen Grundlage beruht, gegen Gewährung von Gesellschaftsanteilen erfolgt, keine unangemessenen Zusatzvorteile gewährt werden und die Bewertungsmechanik wirtschaftlich nachvollziehbar dokumentiert ist.

Steuerlich ist zwischen der Ebene der Gesellschaft und der Ebene des Darlehensgebers zu unterscheiden. Auf Ebene der Gesellschaft ist zu prüfen, mit welchem Wert die Darlehensverbindlichkeit untergeht. Ist die Forderung im Wandlungszeitpunkt voll werthaltig und wird sie gegen Gewährung neuer Geschäftsanteile eingebracht bzw. mit der Einlageverpflichtung verrechnet, wird auf Ebene der Gesellschaft regelmäßig kein steuerpflichtiger Ertrag entstehen. Ist die Forderung dagegen nicht voll werthaltig oder enthält die Gestaltung wirtschaftlich einen Forderungsverzicht, können steuerliche Korrekturen erforderlich werden.

Auf Ebene des Darlehensgebers ist zu bestimmen, mit welchem Wert die Darlehensforderung in die erhaltenen Geschäftsanteile übergeht und welche steuerlichen Anschaffungskosten für die Beteiligung entstehen. Bei bilanzierenden Darlehensgebern wird die Forderung ausgebucht und durch die Beteiligung ersetzt. Bei privaten Darlehensgebern ist zusätzlich zu prüfen, ob und wann mitgewandelte Zinsen als zugeflossen gelten und ob dadurch ein Dry-Income-Effekt entsteht.

Verdeckte Gewinnausschüttungen oder verdeckte Einlagen sind insbesondere bei Gesellschaftern und nahestehenden Personen zu prüfen. Bei echten Drittinvestoren stehen dagegen die wirtschaftliche Nachvollziehbarkeit und Fremdüblichkeit der Preisbildung im Vordergrund. Discount, Cap und Floor sind nicht per se steuerlich problematisch, sondern können Ausdruck des erhöhten Risikos und der Verhandlungsposition des frühen Investors sein.

Die in der Praxis üblichen Mechanismen wie Discount, Cap oder Floor sollten daher nicht nur rechtlich eindeutig, sondern auch steuerlich dokumentiert werden. Discounts von 20 bis 30 % können marktüblich sein, sofern sie durch das erhöhte Risiko des frühen Investments sachlich gerechtfertigt sind.

► **Steuertipp** Die Bewertungsmechanismen der Wandlung (insbesondere Discount, Cap und KPI-basierte Modelle) sollten vorab steuerlich geprüft und anhand von Marktvergleichen dokumentiert werden. Eine transparente und nachvollziehbare Bewertung ist der Schlüssel zur Vermeidung steuerlicher Risiken im sensibelsten Abschnitt des Wandeldarlehens.

6 Gesellschaftervereinbarung/ Shareholder Agreement

Wird gewandelt, so ist der ehemalige Darlehensgeber nun Unternehmensmitinhaber. Bei einem direkten EK-Investment wird üblicherweise ein SHA[1] abgeschlossen, das die Rechte und Pflichten von Investor und Gründern regelt. Das ist auch beim Wandeldarlehen ratsam. Es ist aber zu beachten, dass das SHA erst aktiviert wird, wenn tatsächlich gewandelt wird, da es ja nur für Gesellschafter gilt. Will der Investor schon vorher bestimmte Kontrollrechte über die Gesellschaft, muss er dies bereits im Wandeldarlehen regeln.

> **Wichtig** Will der Investor nach der Wandlung Einfluss auf die Gründer, das Unternehmen und die Geschäftsführung nehmen, muss er das schon bei Abschluss des Wandeldarlehens vereinbaren. Danach gibt es kaum noch ein Druckmittel, ein SHA durchzusetzen. Auch das SHA muss in der Regel notariell beurkundet werden, zumindest beim Drag Along (§ 15 Abs. 4 GmbHG, vgl. Abschn. 6.5).
>
> Das SHA ist in der Regel so konstruiert, dass neue Gesellschafter nur aufgenommen werden dürfen, wenn sie den Bedingungen des SHA zustimmen. In der Praxis ist diese Klausel meist nur Ausgangspunkt dafür, das SHA bei Aufnahme neuer Gesellschafter neu zu verhandeln.
>
> Das SHA verdiente eigentlich ein eigenes Buch. Aus Platzgründen werden hier nur die wichtigsten Regelungspunkte stichpunktartig vorgestellt.

[1] Auch dafür gibt es eine GESSI-Vorlage (German Standards Setting Institute GbR (2026)), hier "Beteiligungsvereinbarung" genannt. Relevant ist insbesondere lit. B mit der eigentlichen Gesellschaftervereinbarung.

M. Franz, S. Matussek, *Wandeldarlehen als alternative Finanzierungform*, essentials, https://doi.org/10.1007/978-3-658-53184-3_6

6.1 Veto-Rechte

Geschäftsführer haben die Sorgfalt eines ordentlichen Geschäftsmannes anzuwenden (§ 43 Abs. 1 GmbHG). Sie können aber grundsätzlich alle Arten von Geschäften abschließen (§ 35 GmbHG), ohne dafür die Genehmigung der Gesellschafter zu benötigen.

Da diese unlimitierte Berechtigung Investoren häufig zu weit geht, werden Veto-Rechte vereinbart, sodass die Geschäftsführer bestimmte Geschäfte nur noch mit Zustimmung des Investors vornehmen dürfen. Zustimmungsbedürftig können z. B. sein:

- Transaktionen allgemein ab einem bestimmten Schwellenwert
- Darlehen mit Schwellenwert
- Bürgschaften und Garantien
- Wettbewerbsverbote
- Dauerschuldverhältnisse mit Schwellenwert
- Anstellungsverträge ab einem bestimmten Schwellenwert oder für bestimmte Positionen
- Mitarbeiter-Beteiligungsprogramme
- Kauf anderer Unternehmen oder Gründung neuer Unternehmen
- Festlegung Jahresbudget
- Maßnahmen, die über den Rahmen des gewöhnlichen Geschäftsbetriebs hinausgehen (was auch immer das dann heißt)

Manchmal werden solche Einschränkungen auch in eine Geschäftsführerordnung ausgelagert.

6.2 Bad Leaver/Good Leaver

Business Angels investieren eigentlich nicht in ein Unternehmen (da Startups ja mehr oder weniger vermögenslos sind), sondern in Personen, d. h. die Gründer. Ohne die Gründer ist ein Startup wenig wert. Die Gründer können aber die Geschäftsführung niederlegen, ohne dass dies größere Nachteile für sie bedeuten würde. Ihre Stellung als Gesellschafter tangiert das zumindest nicht.

Um zu verhindern, dass die Gründer einfach „alles hinwerfen", werden Geschäftsführer- und Gesellschafterstellung häufig für eine bestimmte Zeit (normalerweise vier Jahre) gekoppelt: Falls der Gründer die Geschäftsführung verlässt, verliert er seine Anteile, und je früher er das Unternehmen verlässt, umso mehr Anteile. Hat ein Gründer z. B. eine Verpflichtung von vier Jahren und geht nach einem Jahr, verliert er 75% seiner Anteile.

Trotzdem muss dem Gründer eine Abfindung gezahlt werden, und hier wird zwischen Good Leaver und Bad Leaver unterschieden:

- **Good Leaver** sind Gründer, die nichts für ihr Ausscheiden können, z. B. weil sie wegen Krankheit oder Tod ausscheiden oder willkürlich entlassen werden: Sie (bzw. die Erben) bekommen den Verkehrswert ausgezahlt.
- **Bad Leaver** sind Gründer, die das Unternehmen mutwillig verlassen. Sie sollen „bestraft" werden, indem sie weniger als den Verkehrswert bekommen. Früher wurde häufig der Buchwert vereinbart. Da die Gerichte diese Klauseln häufig kassiert haben, ist die genaue Formulierung des Abschlags vom Verkehrswert eine Herausforderung.

6.3 Verkaufsverbote

Ohne vertragliche Regelung sind GmbH-Geschäftsanteile frei veräußerbar. D. h. jeder Gesellschafter kann an jeden Interessenten, auch einen konkurrierenden Investor oder ein konkurrierendes Unternehmen, verkaufen, falls man sich auf einen Preis einigen kann.

Da das häufig nicht erwünscht ist, lassen sich Investoren häufig das Recht einräumen, dass Anteilsverkäufe der Gründer nur mit Genehmigung der Investoren erlaubt sind. Im Sinne der Gleichberechtigung können die Parteien ferner vereinbaren, dass alle Verkäufe von allen Gesellschaftsanteilen nur mit Zustimmung aller Gesellschafter erlaubt sind. Diese Verkaufsverbote nennt man **Vinkulierung** („Fesselung"). Da das den wirtschaftlichen Wert der Anteile stark vermindert (ein Anteil, den man nicht verkaufen kann, ist praktisch auch nichts wert), sollte als mildere Maßnahme das Vorkaufsrecht bedacht werden (siehe unten), das auch in Konfliktsituationen die flexiblere Lösung sein kann.

Aus Sicht des Investors beim Wandeldarlehen ist eine Vinkulierung seiner Anteile sicher nicht ratsam, da er ja sein Investment unter Umständen nie liquidieren kann. Die Gründer müssen meist eine Vinkulierung von bis zu fünf Jahren hinnehmen, da man sie im Risiko behalten will **(Founder's Lock-Up).**

6.4 Vorkaufsrecht (Right of First Refusal)

Auch beim Vorkaufsrecht geht es primär darum, eine unerwünschte Erweiterung des Gesellschafterkreises zu vermeiden. Sollte eine solche Situation entstehen, wird hier der Verkauf jedoch nicht strikt verboten, sondern den Mitgesellschaftern ein Vorkaufsrecht eingeräumt: Sie können die Geschäftsanteile zu den Bedingungen erwerben, zu denen der Dritte erwerben will, insbesondere müssen sie den mit dem Dritten vereinbarten Kaufpreis zahlen. Sind mehrere Altgesellschafter interessiert, werden die Anteile gemäß den bestehenden Anteilsverhältnissen *(pro rata)* aufgeteilt.

So werden Dritte aus der Gesellschaft herausgehalten, und trotzdem bekommt der verkaufswillige Anteilseigner eine marktübliche Vergütung. Nachteil aus der Sicht der Mitgesellschafter ist, dass sie entweder den Kaufpreis aufbringen oder doch den Dritten in der Gesellschaft dulden müssen.

Auch das muss der Investor beim Wandeldarlehen im Hinterkopf behalten: Um die Gesellschafterstruktur zu bewahren, muss er unter Umständen weitere Investments tätigen.[2] Immerhin bewahrt er so (im Gegensatz zur Vinkulierung) die Chance, selbst seine Anteile zu verkaufen.

6.5 Mitverkaufsrechte/-pflichten (Drag Along/ Tag Along)

Ohne vertragliche Regelung gibt es keine Verpflichtung, Anteile zu verkaufen, wenn ein Mitgesellschafter Anteile verkauft, und kein Recht, Anteile an einen Dritten zu verkaufen, an den ein Mitgesellschafter verkauft. Da dies aber unter bestimmten Bedingungen erwünscht ist, wird häufig Folgendes vereinbart:

- **Drag Along:** Der oder die Haupteigentümer (50% oder mehr) können die Minderheitsgesellschafter bei einem Verkauf „mitzerren" (drag), d. h. zum Mitverkauf zwingen. Um die Minderheitsgesellschafter zu schützen, wird dabei meist ein Mindestverkaufspreis festgelegt. Üblich sind z. B. das 2,5-fache der vorherigen Bewertung bzw. der investierten Summe. Beim Wandeldarlehen heißt das: Der Investor muss mitverkaufen, wenn er mindestens das 2,5-fache seines Darlehens plus Zinsen zurückerhält. Natürlich können hier auch andere Schwellenwerte vereinbart werden.

[2] Gleiches gilt übrigens, wenn eine Verwässerung (Dilution) durch das Recht verhindert werden soll, *pro rata* neue Anteile zu erwerben.

- **Tag Along:** Spiegelbildlich zum Drag Along ist Tag Along das Recht eines Gesellschafters, seine Anteile zu den gleichen Bedingungen an einen Dritten zu verkaufen wie ein Mitgesellschafter (typischerweise der Mehrheitsgesellschafter). Will der Dritte nicht alle angebotenen Anteile kaufen, so verkaufen die verkaufswilligen Gesellschafter wieder *pro rata.* Tag Along kommt nur zum Zug, wenn das Drag-Along-Recht nicht ausgeübt wird. Die typische Situation bei Wandeldarlehen ist dann: Die Gründer verkaufen, üben aber ihr Drag-Along-Recht nicht aus. Der ehemalige Darlehensgeber findet den Preis interessant und will zu den gleichen Bedingungen verkaufen. Durch das Tag-Along-Recht kann er das erzwingen, zumindest *pro rata.*

Drag Along und Tag Along müssen nicht zusammen vereinbart werden, werden es in der Praxis aber meist. Aus Sicht der Gründer (gewöhnlich die Mehrheitseigentümer) ist Drag Along sinnvoll, aus Sicht des Investors ein (hoher) Schwellenwert beim Drag Along und zusätzlich Tag Along. Kehren sich die Mehrheitsverhältnisse allerdings um, gilt die umgekehrte Interessenlage, was bei den Verhandlungen im Hinterkopf behalten werden sollte.

6.6 Liquidation Preference

Wenn alle Anteilseigner (Gründer und Investoren) an einen neuen Investor verkaufen oder das Unternehmen liquidiert wird, gilt grundsätzlich, dass alle Gesellschafter *pro rata* am Erlös profitieren. Abweichend davon verlangen Investoren häufig, dass ihr **Investment bei der Liquidation präferiert behandelt** wird (**„Liquidation Preference“** oder kurz **„LiqPref“**). D. h. sie bekommen bis zur Höhe ihres Investments (beim Wandeldarlehen Darlehen plus Zinsen) die gesamten Erlöse und erst danach wird der Rest *pro rata* zwischen den Investoren und Gründern aufgeteilt. Dabei ist wieder zwischen anrechenbarer und nicht anrechenbarer Liquidation Preference zu unterscheiden:

- Bei einem **anrechenbaren** LiqPref bekommt der Investor nach Auszahlung seines Investments nichts, bis seine *pro-rata*-Beteiligung die Höhe seines LiqPref erreicht hat. Der LiqPref des Investors wird also mit seiner regulären *pro-rata*-Beteiligung verrechnet. Hier wirkt der LiqPref nur als Sicherung des Investments, ist aber am Ende nicht höher als die *pro-rata*-Beteiligung des Investors, wenn ausreichende Erlöse verteilt werden.

- Bei einem **nicht anrechenbaren** LiqPref bleibt die Vorabauszahlung bei der nachfolgenden *pro-rata*-Verteilung außer Betracht, d. h. der Investor bekommt am Ende tatsächlich mehr, als ihm *pro rata* zustehen würde.

Gerade bei einem Wandeldarlehen bietet sich ein LiqPref an: Der Investor will am Ende ja mindestens sein Darlehen plus Zinsen herausbekommen. Aus Gründersicht sollte der LiqPref jedoch zumindest anrechenbar sein.

Es wird hier deutlich, wie weit bei Wandeldarlehen in die Zukunft geblickt werden muss: Der Investor gewährt zuerst ein verzinsliches Darlehen. Dann wird zu einer bestimmten Bewertung gewandelt, er wird also Unternehmensinhaber. Dann wird das Unternehmen bzw. normalerweise nur das Investment „liquidiert" und dabei muss der Investor dann vorsorgen, dass er mindestens sein Darlehen plus Zinsen wieder herausbekommt, auch wenn der Liquidationserlös bei *pro-rata*-Verteilung dafür nicht ausreichen würde. Dieses Szenario mag nicht das häufigste sein, es ist aber keinesfalls ausgeschlossen und muss schon beim Abschluss des Wandeldarlehens bedacht werden.

6.7 Steuerliche Bewertung

Die Gesellschaftervereinbarung entfaltet ihre steuerliche Relevanz insbesondere nach der Wandlung, wenn der Investor als Gesellschafter am Unternehmen beteiligt ist. Die darin enthaltenen Regelungen beeinflussen maßgeblich die steuerliche Behandlung künftiger Erträge und Veräußerungsvorgänge.

Besondere Bedeutung kommt Regelungen zur Gewinnverteilung sowie zur Liquidation Preference zu. Abweichungen von einer rein quotalen Gewinnverteilung können steuerlich relevant sein und müssen sich am Fremdvergleich messen lassen. Insbesondere nicht anrechenbare Liquidation Preferences können dazu führen, dass einzelne Gesellschafter wirtschaftlich bevorzugt werden, was steuerlich gesondert zu würdigen ist.

Auch Exit-Regelungen sowie Drag-Along- und Tag-Along-Klauseln haben steuerliche Auswirkungen, da sie die Bedingungen eines späteren Anteilsverkaufs beeinflussen. Die konkrete Ausgestaltung kann sich auf die Höhe und den Zeitpunkt der steuerpflichtigen Veräußerungsgewinne auswirken.

Regelungen zu Good-Leaver- und Bad-Leaver-Fällen sind ebenfalls steuerlich sensibel. Erfolgt die Übertragung von Geschäftsanteilen unterhalb des Verkehrswerts, kann dies als verdeckte Gewinnausschüttung oder als steuerpflichtiger Vorteil qualifiziert werden. In bestimmten Konstellationen können zudem lohnsteuerliche Konsequenzen entstehen, insbesondere wenn Geschäftsführer betroffen sind.

Insgesamt ist sicherzustellen, dass die im SHA vorgesehenen Mechanismen wirtschaftlich nachvollziehbar und fremdüblich ausgestaltet sind, um steuerliche Korrekturen zu vermeiden.

► **Steuertipp** Regelungen im SHA sollten stets auch unter steuerlichen Gesichtspunkten geprüft werden. Insbesondere Liquidation Preferences, Leaver-Klauseln und Exit-Mechanismen sollten so ausgestaltet und dokumentiert werden, dass sie einem Fremdvergleich standhalten und keine verdeckten Vorteilsgewährungen auslösen.

7 Fazit

Das Wandeldarlehen ist für Frühphasen-Startups eine besonders praxisrelevante und sachgerechte Finanzierungsform, weil es das Hauptproblem der Finanzierung in diesem Stadium löst, nämlich die Frage der Bewertung des Unternehmens: Sie wird einfach in die Zukunft verschoben, nämlich auf den Zeitpunkt der Wandlung. Trotzdem wird durch das Darlehen sofort Kapital bereitgestellt.

Der Preis dafür ist, dass alle (auch nur möglichen) Phasen der Unternehmenslaufbahn bis zur Liquidation bzw. Veräußerung des Investments im Voraus bedacht werden müssen. Die Menge der deshalb zu regelnden Punkte mag daher abschreckend wirken. Allerdings wurde durch die GESSI-Templates und die Förderungsbedingungen ein gewisser Marktstandard erreicht, der Verhandlungen wesentlich erleichtert. Abschreckend können auch die formalen Hürden der Beurkundung sein, insbesondere wenn ausländische Investoren beteiligt sind. Es wäre hier zu wünschen, dass der BGH bald eine rechtlich bindende Entscheidung trifft.

M. Franz, S. Matussek, *Wandeldarlehen als alternative Finanzierungform*, essentials, https://doi.org/10.1007/978-3-658-53184-3_7

Was Sie aus diesem *essential* mitnehmen können

- Das Wandeldarlehen ist formbedürftig, zumindest sieht das die relevante Rechtsprechung derzeit so.
- Das Wandeldarlehen muss unter Beteiligung der Gesellschafter abgeschlossen werden (Gesellschafterbeschluss zur Genehmigung).
- Die GESSI-Templates sind eine große Erleichterung der Verhandlungen und sollten als Ausgangspunkt genommen werden.
- Wer Förderung für das Wandeldarlehen erhalten will, muss bestimmte wirtschaftliche Parameter einhalten.
- Da die Wandlungsbedingungen und die Bewertung häufig kompliziert formuliert sind, sollten die möglichen Beteiligungen in Excel-Tabellen berechnet und idealerweise als Beispielrechnungen dem Vertrag angehängt werden, um Missverständnisse auszuschließen.
- Will der Investor erweiterte Kontrollmöglichkeiten über die Gesellschaft und die Absicherung seines Investments nach der Wandlung erreichen, so empfiehlt sich der vorsorgliche Abschluss eines Shareholder Agreements schon beim Abschluss des Wandeldarlehens.
- Um die potenziellen steuerlichen Konsequenzen gerade aufgrund der vielfältigen Möglichkeiten korrekt berechnen zu können, sollte zusätzlich im Vorfeld ausführlich über die jeweiligen Szenarien und deren Auswirkungen beraten werden.

M. Franz, S. Matussek, *Wandeldarlehen als alternative Finanzierungform*, essentials, https://doi.org/10.1007/978-3-658-53184-3

Literatur

Bundesamt für Wirtschaft und Ausfuhrkontrolle (2025): INVEST – Zuschuss für Wagniskapital. Stand 26. Juni 2025.

Fischer, Minkus (2018): Das Wandeldarlehen in Venture Capita-Finanzierungen unter Beteiligung einer GmbH (Europäische Hochschulschriften Recht 5976)

German Standards Setting Institute GbR (2026): Standardverträge (https://standardsinstitute.de/standardvertraege). Stand 1. April 2026.

Hahn, Christopher (2021): Venture Capital. Finanzierung und Bewertung von Start-up-Unternehmen. Springer Gabler, 3. Auflage.

Leutner, Gerd/Schlotter, Jochen N./Zätzsch, Jörg (2025): Beurkundung von Unternehmenstransaktionen, Beck-Verlag, 2. Auflage.

Schwark, Eberhard und Daniel Zimmer (2020): Kapitalmarktrechts-Kommentar. Börsengesetz mit Börsenzulassungsverordnung, Wertpapierprospektgesetz, Wertpapierhandelsgesetz, Wertpapiererwerbs- und Übernahmegesetz, Europäische Marktmissbrauchsverordnung. Beck-Verlag, 5. Auflage.

M. Franz, S. Matussek, *Wandeldarlehen als alternative Finanzierungform*, essentials, https://doi.org/10.1007/978-3-658-53184-3

GPSR Compliance

The European Union's (EU) General Product Safety Regulation (GPSR) is a set of rules that requires consumer products to be safe and our obligations to ensure this.

If you have any concerns about our products, you can contact us on ProductSafety@springernature.com

In case Publisher is established outside the EU, the EU authorized representative is:

Springer Nature Customer Service Center GmbH
Europaplatz 3
69115 Heidelberg, Germany

Batch number: 10767770

Printed by Printforce, the Netherlands